特別区
管理職試験
解答集

平成 22-26 年度
全択一問題と解説

地方自治制度
地方公務員制度
行政法
財政学・地方財政制度

都政新報社

はしがき

　特別区の管理職試験は昭和53年に新設されました。それ以来、多くの管理職が誕生し、各区で活躍されています。
　区の管理職に求められる能力は、大きくいえば、仕事のマネジメントと人事管理、労務交渉です。具体的には、①議会対応力、②政策形成能力、③住民対応力、④区民参加を積極的に取り入れる力、⑤ゼネラリスト的仕事力、などです。みなさんも、先輩管理職の奮闘する姿を間近で見てご存じのことでしょう。

　難関の管理職試験を突破するには、どうしたらいいか──。
　自分はどんな管理職を目指すのか。これを頭の中でイメージし、試験に臨むことが第一に必要といえます。
　日々、仕事をしながら、人によっては家事、育児をこなしながら、勉強時間を捻出するのはたいへん困難なことと想像されます。そうした中では、いかに効率的に勉強するかがキーポイントになるでしょう。
　そこで、お勧めしたいのは、試験対策の第一歩として「過去問（かこもん）」にあたることです。過去にどのような出題がなされたかを基本に、出題傾向や難易度、出題形式をつかむことから始めることは、結局、合格への近道となるのです。

　本書は、22年度から26年度までの管理職試験の択一問題を収録しました。受験者のみなさんが本書を活用し、合格されることを願っております。

平成27年4月

　　　　　　　　　　　　　　　　　　　㈱都政新報社　出版部

目　　次

§1　平成22年度
地方自治制度 …………………………………………………… 4
地方公務員制度 ………………………………………………… 18
行政法 …………………………………………………………… 24
財政学・地方財政制度 ………………………………………… 40

§2　平成23年度
地方自治制度 …………………………………………………… 48
地方公務員制度 ………………………………………………… 62
行政法 …………………………………………………………… 68
財政学・地方財政制度 ………………………………………… 84

§3　平成24年度
地方自治制度 …………………………………………………… 92
地方公務員制度 ………………………………………………… 106
行政法 …………………………………………………………… 112
財政学・地方財政制度 ………………………………………… 128

§4　平成25年度
地方自治制度 …………………………………………………… 136
地方公務員制度 ………………………………………………… 150
行政法 …………………………………………………………… 156
財政学・地方財政制度 ………………………………………… 172

§5　平成26年度
地方自治制度 …………………………………………………… 180
地方公務員制度 ………………………………………………… 194
行政法 …………………………………………………………… 200
財政学・地方財政制度 ………………………………………… 216

§1 平成22年度

択一式問題　Ⅰ類事務・技術

地方自治制度

　21年度と同数の14問の出題だった。内容としては、議会、執行機関から各4題、直接請求、財務から各2題、公の施設、組合から各1題で、地方自治法の全般にわたり、出題の傾向におおむね変化はなかった。

　設問は、「あり」「なし」の違いなど、細かい相違点に関する問題が多かった。一方、条文や行政実例を、ほぼそのまま引用した設問も多く、解答に際しては、受験者が条文や行政実例を正確に習得していることが求められた。

地方公務員制度

　21年度と同じく6問が出題された。出題傾向は、地方公務員法の条文、問題集などに頻出している代表的な行政実例からが主だった。

　基本事項を理解していれば、比較的容易に正答を選べたり、誤った選択肢を削れたりできたと思われる。

行政法

　22年度の出題は16問だった。従来に比べ出題数が倍増したため、同一項目から複数題の出題や、情報公開法からの出題など、多様なパターンになった。

　行政法学上の基本的用語や理念、主要判例のほか、行政関連法の条文についても正確に理解している必要があった。

財政学・地方財政制度

　例年と同様、4題が出題された。4題中3題が財政・地方財政に関する内容からの出題で、経済理論は計算問題に絡めた1題だった。

　計算問題は一見すると難解に感じるが、問題文中に計算式と数字が与えられており、実質は簡単な連立方程式を解くだけで、正答が求められる内容だった。

22年度　Ⅰ類択一式問題の正答

分野	問題	正答	出題内容
地方自治制度	No.1	4	事務の監査請求
	No.2	5	直接請求
	No.3	1	議会の議決事件
	No.4	3	議会の委員会
	No.5	5	議会の会議
	No.6	1	議会の請願
	No.7	4	長の権限
	No.8	2	会計管理者がつかさどる会計事務
	No.9	1	長の専決処分
	No.10	3	選挙管理委員会
	No.11	3	予備費
	No.12	5	公有財産
	No.13	2	公の施設
	No.14	4	地方公共団体の組合
地方公務員制度	No.15	2	人事委員会又は公平委員会の委員
	No.16	2	欠格条項
	No.17	3	懲戒処分
	No.18	3	政治的行為の制限
	No.19	1	不利益処分に関する不服申立て
	No.20	5	職員団体と地方公共団体との交渉
行政法	No.21	5	最高裁判所の判例
	No.22	3	行政行為の公定力
	No.23	2	行政行為の附款
	No.24	2	行政行為の瑕疵の治癒
	No.25	4	行政立法
	No.26	1	行政指導
	No.27	2	即時強制
	No.28	1	申請に対する処分
	No.29	3	取消訴訟
	No.30	5	教示
	No.31	4	国家賠償法
	No.32	2	損失補償に関する最高裁判例
	No.33	5	行政庁の権限の委任又は代理
	No.34	4	公物
	No.35	3	行政文書の開示
	No.36	3	個人情報の保護に関する法律
財政学・地方財政制度	No.37	5	予算
	No.38	1	地方税の原則
	No.39	1	封鎖経済の下での必要な減税額
	No.40	4	地方債

（注）No.1～20は事務・技術共通問題、No.21～40は事務専門問題

【No. 1】 地方自治法に規定する事務の監査請求に関する記述として、妥当なのはどれか。
1 事務の監査請求の対象は、当該普通地方公共団体の職員の違法又は不当な財務会計上の行為及び一定の怠る事実に限られる。
2 事務の監査請求の請求権者は、当該普通地方公共団体の住民であり、法律上行為能力を認められている限り、法人たると個人たるとを問わない。
3 事務の監査請求の請求者は、監査委員の監査の結果に不服がある場合、住民訴訟を提起することができる。
4 事務の監査請求に係る事件が裁判所に係争中であっても、当該事件について監査の請求があったときは、監査委員は独自の立場で監査をすべきである。
5 事務監査の執行の際に、請求代表者から監査に立ち会わせるように要求があった場合は、これに応じなければならない。

1 誤り。事務の監査請求は、事務の執行全般を対象とする（法第75条第1項）。
2 誤り。請求権者は、選挙権を有する者（法第75条第1項）。
3 誤り。住民訴訟を提起することはできない。提起できるのは、住民監査請求による場合である（法第242条の2）。
4 正しい（行実昭29.4.21）。
5 誤り。立ち会わせる必要はない（行実昭25.10.19）。

正答 4

【No. 2】 地方自治法に規定する直接請求に関する記述として、妥当なのはどれか。

1 普通地方公共団体の条例の制定又は改廃の請求は、請求代表者から当該普通地方公共団体の長に対して行われ、この場合、使用料の徴収に関する条例は請求の対象になるが、地方税の賦課徴収に関する条例は請求の対象にならない。
2 普通地方公共団体の選挙管理委員の解職請求は、請求代表者から当該普通地方公共団体の議会に対して行われ、議会の議員の3分の2以上の者が出席し、その4分の3以上の者の同意があったときは、選挙管理委員はその職を失う。
3 普通地方公共団体の議会の議員の解職請求は、請求代表者から議会に対して行われ、議会の解職の議決において、過半数の同意があったときは、議員はその職を失う。
4 普通地方公共団体の議会の解散請求は、請求代表者から当該普通地方公共団体の長に対して行われ、当該選挙区の選挙人の解散投票において、過半数の同意があったときは、議会は解散する。
5 普通地方公共団体の監査委員の解職請求は、請求代表者から当該普通地方公共団体の長に対して行われるが、監査委員の就職の日から6か月間は、解職請求をすることはできない。

1 誤り。使用料の徴収に関する条例は、請求の対象とならない（法第74条第1項）。
2 誤り。選挙管理委員の解職請求は、長に対して行われる（法第86条第1項）。
3 誤り。議員の解職請求は、選挙管理委員会に対して行われる（法第80条第1項）。
4 誤り。議会の解散請求は、選挙管理委員会に対して行われる（法第76条第1項）。
5 正しい（法第88条第2項）。

正答 5

【No. 3】 地方自治法に規定する普通地方公共団体の議会の議決事件に関する記述として、妥当なのはどれか。

1 普通地方公共団体がその有する権利を放棄するときは、法律若しくはこれに基づく政令又は条例に特別の定めがある場合を除き、当該普通地方公共団体の議会の議決が必要である。
2 普通地方公共団体の区域内の公共団体等の活動の総合調整に関することは、当該普通地方公共団体の長が権限を有しており、議会の議決事件に含まれない。
3 法律上その義務に属する損害賠償の額を定めることは、普通地方公共団体の議会の議決事件であり、判決により損害賠償額が確定した場合でも、議会の議決が必要である。
4 普通地方公共団体は、負担付きの寄附を受ける場合において、当該普通地方公共団体の議会の議決を経なければならず、その負担には当該寄附物件の維持管理が含まれる。
5 普通地方公共団体は、その設置する公の施設を長期かつ独占的に利用させる場合には、当該普通地方公共団体の議会の議決を必ず得なければならない。

1 正しい(法第96条第10号)。
2 誤り。議会の議決事件に含まれる(法第96条第14号)。
3 誤り。判決により確定した損害賠償額については、議会の議決を要しない(行実昭36.11.27)。
4 誤り。維持管理費は含まれない(行実昭25.6.8)。
5 誤り。条例に定める重要な公の施設のみ、議決の対象となる(法第96条第11号)。

正答 1

【No．4】 地方自治法に規定する普通地方公共団体の議会の委員会に関する記述として、妥当なのはどれか。

1　特別委員会は、会期中に限り付議された事件を審査し、閉会中に審査することは認められていない。
2　議会は、議会運営委員会を置かなければならず、当該委員は会期の始めに議会において選任する。
3　議会運営委員会は、議長の諮問に関する事項を調査するため、必要があると認めるときは、参考人の出頭を求め、意見を聴くことができる。
4　議会運営委員会は、議会の会議規則、委員会に関する条例等に関する事項を調査することができるが、議案、陳情を審査することはできない。
5　議員は、議長を除き、少なくとも一つの常任委員会の委員になるものとし、当該委員は会期の始めに議会において選任する。

1　誤り。議会の議決により付議された特定の事件については、閉会中に審査することを妨げない（法第110条第4項ただし書き）。
2　誤り。議会運営委員会は、条例で設置できる（法第109条の2）。
3　正しい（法第109条の2第5項、同109条第6項）。
4　誤り。議会運営委員会は、議案、陳情を審査する（法第109条の2第4項）。
5　誤り。議長も議員に含まれ、常任委員となる（法第109条第2項）。

正答　3

【No. 5】 地方自治法に規定する議会の会議に関する記述として、妥当なのはどれか。

1 普通地方公共団体の議会の議事は、議決に特別多数の者の同意を要求されている場合を除き、表決権を有する議長を含む出席議員の過半数でこれを決し、可否同数のときは、裁決権を有する議長の決するところによる。
2 普通地方公共団体の議会の会議は、公開することが原則であるが、議長又は議員から秘密会の発議があった場合、この発議に対して討論を行った上で、出席議員の3分の2以上の多数で議決をしたときは、秘密会を開くことができる。
3 普通地方公共団体の議会は、議員の定数の半数以上の議員が出席しなければ会議を開くことができないが、招集に応じても出席議員が定数を欠き、議長において出席を催告してもなお半数に達しないときに限り、会議を開くことができる。
4 普通地方公共団体の議会の議員は、自己が従事する業務に直接利害関係のある事件については、その議事に参与することができないので、議員が当該普通地方公共団体から補助金を受けている協会の会長の職にある場合、その補助金が計上されている全体の予算審議に当たり、当該議員は除斥される。
5 普通地方公共団体の議会の議長は、書面又は電磁的記録により会議録を作成させ、会議の次第及び出席議員の氏名を記載させ又は記録させなければならず、会議録が書面をもって作成されているときは、議長及び議会において定めた二人以上の議員がこれに署名しなければならない。

1 誤り。議長は表決権を有しない（法第116条第1項、第2項）。
2 誤り。討論を行わないでその可否を決しなければならない（法第115条第2項）。
3 誤り。除斥のため半数に達しないときなども会議を開催できる（法第113条）。
4 誤り。全体の予算審議にあたっては、当該議員は除斥されない（行実昭31.9.28）。
5 正しい（法第123条第1項、第2項）。

正答 5

【No. 6】 地方自治法に規定する普通地方公共団体の議会の請願に関する記述として、妥当なのはどれか。

1　普通地方公共団体の議会は、その採択した請願で当該普通地方公共団体の教育委員会において措置することが適当と認めるものを、教育委員会に送付し、かつ、その請願の処理の経過及び結果の報告を請求することができる。
2　議会閉会中に所定の要件を備えた請願が提出され、議長がこれを受理したが、議会に付議する前に辞職によって当該請願に係る紹介議員がすべてなくなった場合であっても、新たな紹介議員を付する必要はない。
3　普通地方公共団体の事務に関する事項でないと明らかに認められる請願については、法定の形式が整っていても受理を拒むことができる。
4　普通地方公共団体の長は、当該普通地方公共団体の議会が採択した請願の送付を受けた場合、誠意を持ってその処理に当たり、必ず採択した請願のとおり措置しなければならない。
5　普通地方公共団体の議会に請願しようとする者は、自然人たると法人たるとを問わないが、当該普通地方公共団体の住民に限られる。

1　正しい（法第125条）。
2　誤り。新たな紹介議員を付すべきである（行実昭49.4.2）。
3　誤り。受理を拒むことはできない（行実昭25.12.27）。
4　誤り。請願は、特別の法律上の拘束を課するものではない（地裁判32.1.31）。
5　誤り。その普通地方公共団体の住民に限られない（行実昭25.3.16）。

正答　1

【No. 7】 地方自治法に規定する普通地方公共団体の長の権限に関する記述として、妥当なのはどれか。

1 普通地方公共団体の長は、当該普通地方公共団体の議会が議決をしなければならないすべての事件について、その議案を提出する権限を持つ。
2 普通地方公共団体に属する財産のうち、学校その他の教育機関の用に供する教育財産は教育委員会の権限に属するので、普通地方公共団体の長は、教育財産を処分する権限を持たない。
3 普通地方公共団体の長は、決算を調製し、決算並びに証書類その他政令で定める書類を当該普通地方公共団体の監査委員の審査に付さなければならない。
4 普通地方公共団体の長は、その管理に属する行政庁の処分が法令、条例又は規則に違反すると認めるときは、その処分を取消し、又は停止することができる。
5 普通地方公共団体の長は、その権限に属する事務の一部をその補助機関である職員に委任することはできるが、臨時に代理させることはできない。

1 誤り。予算についての議案提出権はない（法第112条）。
2 誤り。処分する権限を有する（法第149条第6号）。
3 誤り。決算を調製するのは会計管理者である（法第170条第2項第7号）。
4 正しい（法第154条の2）。
5 誤り。臨時に代理させることができる（法第153条第1項）。

正答 4

【No. 8】 次のA～Eのうち、地方自治法に規定する普通地方公共団体の会計管理者がつかさどる会計事務を選んだ組合せとして、妥当なのはどれか。

A　基金に属する有価証券の出納及び保管を行うこと
B　決算を議会の認定に付すること
C　使用中の物品に係る保管を行うこと
D　現金及び財産の記録管理を行うこと
E　会計を監督すること

1　A　C
2　A　D
3　B　D
4　B　E
5　C　E

A　正しい（法第170条第2項第3号）。
B　誤り（法第149条第4号）。
C　誤り（法第170条第2項第4号）。
D　正しい（法第170条第2項第5号）。
E　誤り（法第149条第5号）。
　よって組み合わせが正しい選択肢は2。

正答　2

【No. 9】 地方自治法に規定する普通地方公共団体の長の専決処分に関する記述として、妥当なのはどれか。

1 普通地方公共団体の議会の議決すべき事件について、特に緊急を要するため議会を招集する時間的余裕がないことが明らかであると認めるときは、当該普通地方公共団体の長は専決処分することができるが、その認定には、客観性がなければならない。

2 普通地方公共団体の議会の議決が、収入又は支出に関し執行することができないものがあると認めるときは、当該普通地方公共団体の長は、その議決を修正の上、専決処分することができる。

3 普通地方公共団体の長は、議会の議決により特に指定した軽易な事項について、専決処分することができるが、議会はいったん指定した事項については、将来に向って、その指定を廃止する旨の議決はできない。

4 普通地方公共団体の議会の権限に属する事項を当該普通地方公共団体の長の専決処分の対象として指定したときは、当該事項は議会の権限を離れて、長の権限となるが、適法に指定が行われた後に、指定された事項について、議会が議決した場合は、議会の議決が優先する。

5 法定代理的専決処分ができる場合は、普通地方公共団体の議会が成立しないとき、普通地方公共団体の長において議会の議決すべき事件について特に緊急を要するため議会を招集する時間的余裕がないことが明らかであると認めるとき、又は議会において議決すべき事件を議決しないときに限られる。

1 正しい（行実昭26.8.15）。
2 誤り。理由を示して再議に付さなければならない（法第177条第1項）。
3 誤り。指定を廃止する旨の議決をすることができる（行実昭35.7.8）。
4 誤り。議会の議決に再び付することは許されない（行実昭37.7.4）。
5 誤り。法第113条のただし書きの場合において、なお議会が開会できないときも専決処分ができる（法第179条第1項）。

正答 1

【No．１０】 地方自治法に規定する普通地方公共団体の選挙管理委員会に関するA～Dの記述のうち、妥当なものを選んだ組合せはどれか。

A 普通地方公共団体の選挙管理委員は、父母の一身上に関する事件については、その議事に参与することができないが、当該選挙管理委員会の同意を得たときは、会議に出席し、発言することができる。

B 普通地方公共団体の選挙管理委員が退職しようとするときは、当該普通地方公共団体の議会の承認を得なければならない。

C 普通地方公共団体の長は、当該普通地方公共団体の選挙管理委員に職務上の義務違反があると認める場合に罷免することができるが、この場合、当該普通地方公共団体の議会の常任委員会において公聴会を開かなければならない。

D 普通地方公共団体の選挙管理委員会の処分又は裁決に係る普通地方公共団体を被告とする訴訟については、当該普通地方公共団体の選挙管理委員会が当該普通地方公共団体を代表する。

1　A　B
2　A　C
3　A　D
4　B　C
5　B　D

A 正しい（法第189条第2項）。
B 誤り（法第185条第2項）。
C 誤り（法第184条の2）。
D 正しい（法第192条）。
　よって組み合わせが正しい選択肢は3。

正答　3

【No.11】 地方自治法に規定する予備費に関する記述として、妥当なのはどれか。
1 特別会計には、予算外の支出又は予算超過の支出に充てるため、予備費を計上しなければならない。
2 いったん予備費から充用支出した金額は、後日関係科目に予算を追加補正し、これを予備費に繰り戻すことができる。
3 予備費の充用は、普通地方公共団体の議会の議決を必要とせず、普通地方公共団体の長の権限で行うことができる。
4 予備費は、普通地方公共団体の議会の否決した費途に充用できるので、当該議会で予算金額を減じた費途に不足が生じた場合も、予備費より支出できる。
5 予備費の充用支出による予算執行後に当該充用額に残額が生じた場合は、予備費に繰り戻すことができる。

1 誤り。特別会計には、予備費を計上しないことができる（法第217条第1項）。
2 誤り。予備費に繰り戻すことはできない（通知昭24.3.10）。
3 正しい（法第217条第1項、同149条第2号）。
4 誤り。議会の否決した費途には充用できない（法第217条第2項）。
5 誤り。予備費への繰り戻しはできない（行実昭30.11.8）。

正答 3

【No.12】 地方自治法に規定する普通地方公共団体の公有財産に関する記述として、妥当なのはどれか。

1 普通地方公共団体の長は、公有財産の効率的運用を図るため、当該普通地方公共団体の委員会に対し、当該委員会の所掌に属する公有財産の管理について報告を求めることはできるが、実地調査をすることはできない。
2 普通地方公共団体は、行政財産である土地を政令で定める法人が経営する鉄道の用に供する場合、その土地が行政財産である限り、その者のために地上権を設定することはできない。
3 行政財産は、その用途又は目的を妨げない限度においてその使用を許可することができ、その許可を受けてする行政財産の使用については、借地借家法の規定が適用される。
4 普通財産を貸し付けた場合は、その貸付期間中に国において公共用に供するため必要を生じたときでも、当該普通地方公共団体の長は、その契約を解除することができない。
5 普通地方公共団体は、政令で定める法人と行政財産である土地の上に一棟の建物を区分して所有する場合には、その用途又は目的を妨げない限度において、その法人に当該土地を貸し付けることができる。

1 誤り。実地調査をすることができる（法第238条の2第1項）。
2 誤り。地上権の設定ができる（法第238条の4第2項第5号）。
3 誤り。借地借家法の規定は適用しない（法第238条の4第8項）。
4 誤り。契約を解除することができる（法第238条の5第4項）。
5 正しい（法第238条の4第2項第3号）。

正答 5

【No.13】 地方自治法に規定する公の施設に関する記述として、妥当なのはどれか。

1 公の施設は、住民の福祉を増進するために住民の利用に供することを目的とする施設及び専ら普通地方公共団体の財政上の必要を充足するために設けられる施設である。
2 普通地方公共団体は、他の普通地方公共団体との協議により、当該他の普通地方公共団体の公の施設を自己の住民の利用に供させることができるが、この協議については関係普通地方公共団体の議会の議決を経なければならない。
3 普通地方公共団体は、その区域外においても公の施設を設けることができるが、設置される地域の住民との間に使用関係が生じない場合でも、関係普通地方公共団体と協議をしなければならない。
4 普通地方公共団体の委員会は、指定管理者の管理する公の施設の管理の適正を期するため、指定管理者に対して、当該管理の業務又は経理の状況に関し報告を求めることができるが、実地について調査することができない。
5 普通地方公共団体は、規則の定めるところにより、法人その他の団体であって当該普通地方公共団体が指定するものに、公の施設の管理を行わせることができる。

1 誤り。公の施設は、専ら普通地方公共団体の財政上の必要を充足するために設ける施設ではない（法第244条）。
2 正しい（法第244条の3第2項、第3項）。
3 誤り。協議は必要ではない（行実昭18.6.23）。
4 誤り。実地調査をすることができる（法第244条の2第10項）。
5 誤り。規則ではなく条例（法第244条の2第3項）。

正答 2

【No.14】 地方自治法に規定する地方公共団体の組合に関する記述として、妥当なのはどれか。

1 地方公共団体の組合は、一部事務組合、広域連合、役場事務組合及び財産区とされており、特別地方公共団体として法人格を有し、地方自治法の定めるところにより、その事務を処理する。
2 一部事務組合は、当該一部事務組合の規約により、管理者に代えて、理事をもって組織する理事会を置く場合、一部事務組合を組織する地方公共団体の職員を理事に充てることはできない。
3 一部事務組合は、都道府県、市町村及び特別区がその事務の一部を共同処理するために設けられるが、公益上必要がある場合においても、都道府県知事は、関係のある市町村及び特別区に対し、一部事務組合を設けるべきことを勧告することはできない。
4 広域連合は、当該広域連合が設けられた後、速やかに、その議会の議決を経て、広域計画を作成しなければならず、広域計画に定める事項を一体的かつ円滑に推進するため、広域連合の条例により必要な協議を行うための協議会を設置することができる。
5 都道府県の加入しない広域連合を解散しようとするときは、関係地方公共団体の協議により、都道府県知事に届出をしなければならず、当該都道府県知事は、解散の届出があったときは、直ちにその旨を公表しなければならない。

1 誤り。財産区ではなく、全部事務組合（法第284条第1項）。
2 誤り。職員の中から充当する（法第287条の2第3項）。
3 誤り。知事は勧告することができる（法第285条の2第1項）。
4 正しい（法第291条の7第1項、法第291条の8第1項）。
5 誤り。届け出ではなく、許可を受けなければならない（法第291条の10第1項）。

正答　4

【No.15】 地方公務員法に規定する人事委員会又は公平委員会の委員に関する記述として、妥当なのはどれか。

1 人事委員会の委員は、当該委員会の属する地方公共団体だけでなく、すべての地方公共団体の地方公務員の職を兼ねることができない。
2 人事委員会の委員が心身の故障のため職務の遂行に堪えない場合、地方公共団体の長は議会の同意を得て当該委員を罷免できるが、この場合、議会の常任委員会又は特別委員会において公聴会を開かなければならない。
3 公平委員会の委員は、常勤又は非常勤とされ、常勤にするか非常勤にするかは地方公共団体の判断に任せられている。
4 人事委員会又は公平委員会は、3人の委員をもって組織され、委員のうち2人以上が同一の政党に属することになった場合、新たに政党に加入した委員は、罷免手続を経ることなく当然に失職する。
5 非常勤の人事委員会の委員は、地方公務員法に規定する一般職の服務のうち、職務専念義務を定めた規定は準用されないが、その他の服務の規定はすべて準用される。

1 誤り。当該地方公共団体の地方公務員の職と兼ねることはできない（法第9条の2第9項）。
2 正しい（法第9条の2第6項）。
3 誤り。非常勤とする（法第9条の2第11項）。
4 誤り。地方公共団体の長が議会の同意を得て罷免する（法第9条の2第5項）。
5 誤り（法第9条の2第12項）。法第38条（営利企業等の従事制限）は準用されない。

正答 2

【No.16】 地方公務員法に規定する欠格条項に関する記述として、妥当なのはどれか。

1 日本国憲法施行の日以後において、日本国憲法の下に成立した政府を暴力で破壊することを主張する政党を結成した者は、地方公共団体の職員となることができないが、当該政党に加入しただけの者は、職員となることができる。
2 欠格条項に該当する者が誤って職員として採用された場合、採用は無効となるが、労務の提供に対して支払われた給料は返還の必要がなく、その者が行った行為は、事実上の公務員の理論により有効である。
3 懲戒免職の処分を受け、処分の日から２年を経過しない者は、処分を受けた地方公共団体の常勤職員となることはできないが、一般職の臨時職員となることはできる。
4 人事委員会又は公平委員会の委員の職にあって、職員が行った不利益処分に関する不服申立てを故意に妨げた者は、欠格条項に該当し、地方公共団体の職員となることができない。
5 地方公共団体が、条例で欠格条項を新設したり、あるいは現行の欠格条項の要件を加重することは、地方公共団体の独自の判断を尊重する趣旨から認められる。

1 誤り。加入した者も該当する（法第16条第５項）。
2 正しい（行政実例昭41.3.31）。
3 誤り。臨時職員となることはできない（法第16条第３項）。
4 誤り。第５章（罰則）に規定する罪に該当せず、欠格事項とはならない（法第16条第４項）。
5 誤り。条例で欠格条項を新たに加えることや、加重はできない。

正答　2

【No.17】 地方公務員法に規定する懲戒処分に関する記述として、妥当なのはどれか。

1 懲戒処分には、戒告、減給、停職及び免職の処分があり、職務上の義務に違反し、その職務を怠った場合及び全体の奉仕者たるにふさわしくない非行のあった場合に限り、任命権者はその職員に懲戒処分を行うことができる。
2 任命権者は、職員に職務上の義務違反があった場合には、条件附採用期間中の職員に対して懲戒処分を行うことができるが、臨時的に任用された職員に対しては懲戒処分を行うことができない。
3 任命権者は、職員が依願免職した後に、当該職員の在職中の窃盗行為が発覚したとしても、その故をもって依願免職という行政行為を変更することはできない。
4 任命権者は、懲戒処分を行う場合には、懲戒処分の手続としてその職員に不利益処分の事由を記載した説明書を交付しなければならず、交付しなければ処分の効力が発生しない。
5 異なる地方公共団体の職を兼職している職員に対し、それぞれの地方公共団体の任命権者は、独自の立場で懲戒処分を行うことができ、一方の任命権者の懲戒処分は、他方の任命権者を拘束する。

1 誤り。他に法令に違反した場合などがある（法第29条第1項）。
2 誤り。臨時的任用職員も、懲戒処分の対象となりうる（法第29条の2第1項）。
3 正しい（行実昭26.11.16）。
4 誤り。説明書を交付しなければならないが、これを欠いた場合も効力には影響しない（法第49条、行実昭39.4.15）。
5 誤り。他方の任命権者を拘束しない（行実昭31.3.20）。

正答 3

【No.18】 地方公務員法に規定する政治的行為の制限に関する記述として、妥当なのはどれか。

1 職員は、政党その他の政治的団体の結成に関与することが禁止されているが、政治的団体の結成が途中で失敗に終わったときは、当該団体の発起人となった場合でも、禁止される政治的行為に該当しない。
2 職員が政党その他の政治的団体の構成員となる決意をさせるよう勧誘運動をすることは、禁止される政治的行為に該当するが、構成員とならない決意をさせるよう勧誘運動をすることは、禁止される政治的行為に該当しない。
3 職員は、いかなる区域においても、特定の政党その他の政治的団体を支持する目的を持って、地方公共団体の庁舎、施設に文書又は図画を掲示させてはならない。
4 職員は、いかなる区域においても、特定の政党その他の政治的団体を支持する目的を持って、特定候補の推薦人として選挙公報に氏名を連ねる行為をしてはならない。
5 職員が単に法律の制定自体に反対する目的を持って、署名運動を企画し、又は主宰する等これに積極的に関与した場合において、特定の政党又は内閣の字句を使用することは、禁止される政治的行為に該当する。

1 誤り（法第36条第1項）。
2 誤り。構成員にならないよう、勧誘運動することも該当する（法第36条第1項）。
3 正しい（法第36条第2項第4号）。
4 誤り。法第36条第2項第1号の勧誘運動に該当するが、区域外であれば可能。
5 誤り。該当しない（行実昭27.7.29）。

正答 3

【No.19】 地方公務員法に規定する不利益処分に関する不服申立てに関する記述として、妥当なのはどれか。

1 任命権者は、懲戒その他その意に反すると認める不利益な処分を受けた職員からの不服申立てについて、人事委員会の判定に対して不服のある場合でも、出訴することができない。

2 人事委員会は、任命権者より懲戒その他その意に反すると認める不利益な処分を受けた職員から不服申立てを受理したときは、口頭審理によりその事案を審査しなければならず、この口頭審理は、公開して行わなければならない。

3 免職処分を受けた職員からの不利益処分に関する不服申立てについて、人事委員会が、これを取消し、戒告処分に修正する旨の判定をした場合、原処分は消滅し、新たな内容の処分を行わなければならない。

4 職員が行った勤務条件に関する措置要求について、任命権者が人事委員会の勧告を履行しなかった場合、当該職員は、これを意に反する不利益処分とみなし審査請求をすることができる。

5 職員が、任命権者より懲戒その他その意に反すると認める不利益な処分を受けた場合には、人事委員会に対して不服申立てをすることができるが、これを故意に妨げた者は、地方公務員法に規定する罰則が適用される。

1 正しい（行実昭27.1.9）。
2 誤り。職員から請求があったときには口頭審理を行わなければならない。また、職員から請求があったときには、公開して行う（法第50条第1項）。
3 誤り。処分を待つことなく、判定に従った効力が生じる（行実昭27.9.20）。
4 誤り。職員による申請に対する不作為は、対象にならない（法第49条の2第2項）。
5 誤り。措置要求の申し出を故意に妨げた場合に該当する（法第61条第5項）。

正答 1

【No.20】 地方公務員法に規定する職員団体と地方公共団体の当局との交渉に関する記述として、妥当なのはどれか。

1 職員団体と地方公共団体の当局との交渉において、当該地方公共団体の事務の正常な運営を阻害することとなったときは、あらかじめ取り決められた時間内であっても、当局は交渉を打ち切らなければならない。
2 職員団体は、法令、条例、地方公共団体の規則及び地方公共団体の機関の定める規程に抵触しない限りにおいて、当該地方公共団体の当局と書面による団体協約を結ぶことができる。
3 地方公共団体の当局は、人事委員会又は公平委員会の登録を受けた職員団体から適法な交渉の申入れがあったときは、勤務時間中でもその申入れに応じなければならないが、登録を受けていない職員団体から適法な交渉の申入れがあったときは、勤務時間中にその申入れに応じることができない。
4 職員団体と地方公共団体の当局が交渉を行おうとするときは、あらかじめ交渉に当たる者の員数及び氏名、議題、時間、場所を取り決めた後に行わなければならない。
5 職員団体は、特別の事情があるとき、代表して交渉に当たる者として役員以外の者を指名することができるが、その指名を受けた者は、当該交渉の対象である特定の事項について交渉する適法な委任を当該職員団体の執行機関から受けたことを文書によって証明できる者でなければならない。

1 誤り。打ち切ることができる（法第55条第7項）。
2 誤り。団体協約を締結する権利を含まないものとする（法第55条第2項）。
3 誤り。未登録の職員団体との交渉を否定するものではない（法第55条第1項）。
4 誤り。氏名は要件に含まれていない（法第55条第5項）。
5 正しい（法第55条第6項）。

正答　5

【No.21】 行政上の法律関係についての最高裁判所の判例に関するA～Dの記述のうち、妥当なものを選んだ組合せはどれか。

A　滞納者の財産を差し押さえた国の地位は、裁判手続を経た民事執行における差押債権者の地位とは相違するものであり、国が一般債権者と異なる取扱いを受けることにつき相当な理由があるので、国税滞納処分による差押については、民法が定める不動産に関する物権変動の対抗要件の規定は適用されないとした。

B　会計法が定める消滅時効期間は、行政上の便宜を考慮する必要がある金銭債権で他に時効期間につき特別の規定のないものについて適用され、国の安全配慮義務違背を理由とする国家公務員の国に対する損害賠償請求権の消滅時効期間は、会計法が定める5年ではなく、民法が定める10年であるとした。

C　自作農創設特別措置法に基づく農地買収処分は、私経済上の取引の安全を保障するため、登記簿上の農地の所有者を相手方として買収処分を行うべきであり、民法が定める不動産に関する物権変動の対抗要件の規定が当然に適用されるものとした。

D　地方議会の議員の報酬請求権は、公法上の権利であるが、それが法律上特定の者に専属する性質のものとされているのではなく、単なる経済的価値として移転性が予定されている場合には、その譲渡性を否定する理由はなく、当該普通地方公共団体の条例に譲渡禁止の規定がない限り、譲渡することができるとした。

1　A　B
2　A　C
3　A　D
4　B　C
5　B　D

A　誤り。滞納処分による差し押さえの関係においても、民法第177条（不動産に関する物権の変動の対抗要件）の適用がある（最判昭31.4.24）。
B　正しい（最判昭50.2.25）。
C　誤り。自作農創設特別措置法に基づく農地買収処分は、民法第177条の適用はないものと解する（最判昭28.2.18）。
D　正しい（最判昭53.2.23）。
　よって、正しい組み合わせはBとDになり、正答は5。

正答　5

【No.22】 行政法学上の行政行為の公定力に関する記述として、妥当なのはどれか。

1 公定力とは、行政行為が無効と認められる場合であっても、行政庁及び相手方その他関係者を拘束する効力をいう。
2 公定力とは、違法な行政行為によって権利利益を侵害された者であっても、争訟提起期間の経過後は、当該行政処分の違法を主張して行政行為の取消しを求めることができなくなってしまうことをいう。
3 公定力の実定法上の根拠は、行政行為の効力は取消争訟の手続によらなければ争うことができないとする、取消争訟の排他的管轄に求められる。
4 公定力とは、行政行為によって命ぜられた義務を国民が履行しない場合に、行政庁が裁判判決を得ることなく行政行為自体を法的根拠とし、自らの判断で義務者に対し強制執行を行い、義務の内容を実現できることをいう。
5 公定力とは、準司法的な手続を経て行われる争訟裁断行為たる行政行為については、紛争の終局的解決の見地から、たとえそれが違法であっても、行政庁がこれを取消し、又は変更することを許さないという効力をいう。

1 誤り。無効な行政行為からは、公定力は無論、いかなる法的効果も生じない。
2 誤り。不可争力に関する記述である。
3 正しい。
4 誤り。自力執行力に関する記述である。
5 誤り。不可変更力に関する記述である。

正答 3

【No.23】 行政法学上の行政行為の附款に関する記述として、妥当なのはどれか。

1 附款を付すことのできる行政行為は、行政庁の意思表示の存在が認められる準法律行為的行政行為であり、行政庁は、裁量権の範囲内であれば附款を付することができる。
2 重要な意味を持つ負担や条件、期限などの附款が行政行為の本体と不可分一体の関係にある場合は、附款の取消しは行政行為全体の取消しをもたらすことになるので、附款のみの取消しを求めることは許されない。
3 条件とは、行政行為の効果を発生不確実な将来の事実にかからせる意思表示をいい、その事実の発生によって行政行為の効果が生ずるものを解除条件、それが消滅するものを停止条件という。
4 撤回権の留保とは、一定の理由がある場合に当該行政行為を撤回する可能性を留保する附款であり、公物の占用許可において公益上の必要が生じたときには、撤回権の留保があれば常に撤回が可能である。
5 負担とは、許可、認可などの受益的行政行為に付加される意思表示で、相手方に特別の義務を命ずるものをいい、相手方がこれに従わなくても条件や期限の附款と同様に、行政行為の本体たる許可などの効力が失われることがない。

1 誤り。付款は、法律行為的行政行為にのみに付すことができる。準法律行為的行政行為には、効力の発効時期に関するものなどを除いて、付すことができない。
2 正しい。
3 誤り。説明が逆。その事実の発生によって行政行為の効果が生ずるものを停止条件、それが消滅するものを解除条件という。
4 誤り。撤回には実質的な事由が必要である。
5 誤り。条件や期限と同様に、という点が誤り。

正答 2

【No.24】 行政行為の瑕疵の治癒に関する記述として、妥当なのはどれか。

1 瑕疵の治癒とは、ある行政行為に瑕疵があって本来は違法又は無効であるが、これを別個の行政行為とみた場合には、瑕疵がなく、かつ、目的、手続、内容においても適法要件を満たしていると認められる場合に、これを別個の行政行為と見立てて有効なものと扱うことである。
2 瑕疵の治癒とは、行政行為に違法なところがあるが、その後の事情の変化によって欠けていた適法要件が実質的に充足され、処分をあえて取消すには値しないと考えられるに至った場合に、瑕疵はもはや治癒されたとして、その行政行為を適法扱いすることである。
3 瑕疵の治癒とは、裁判所が、取消訴訟について違法な裁決を取消すことで公の利益に著しい障害が生ずる場合に、その事情を考慮したうえ、裁決を取消すことが公共の福祉に適合しないとき、請求を棄却することである。
4 最高裁判所の判例では、農地買収計画につき異議・訴願の提起があるにもかかわらず、これに対する決定・裁決を経ないで爾後の手続を進行させたという違法は、買収処分の無効原因となるものであり、事後において決定・裁決があったとしても、これにより買収処分の瑕疵は治癒されないとした。
5 最高裁判所の判例では、法人税についての増額更正処分通知書に附記された理由に不備があるとしても、その瑕疵は、その後の審査裁決で理由が附記されたことによって治癒されたものであるとした。

1 誤り。違法行為の転換に関する記述である。
2 正しい。
3 誤り。事情判決（行政事件訴訟法第31条第1項）についての記述である。
4 誤り。後に棄却裁決があれば、買収処分は治癒される（最判昭36.7.14）。
5 誤り。理由付記の不備は治癒されないとした（最判昭47.12.5）。

正答 2

【No.25】 行政立法に関する記述として、妥当なのはどれか。
1 現行憲法上、行政機関にも一定の範囲内での立法が認められており、その立法の種類には、法規命令、独立命令、行政規則がある。
2 執行命令は、国民の権利義務を新たに定めるものであるので、法律の一般的な授権ではなく、法律の個別的授権がなければ制定できない。
3 委任命令は、法律の委任を受けて、法令において定められている国民の権利や義務の実現のための手続に関するものである。
4 行政規則は、行政機関が策定する一般的な定めであって、国民の権利義務に関係する法規としての性質を有しない。
5 最高裁判所の判例では、14歳未満の者と在監者の接見禁止を定めた監獄法施行規則は、監獄法の委任の範囲を超えるものではないとした。

1 誤り。現行憲法のもとでは、独立命令は許されない。
2 誤り。委任命令に関する記述である。
3 誤り。執行命令に関する記述である。
4 正しい。
5 誤り。委任の範囲を超えた無効のものとした（最判平3.7.9）。

正答 4

【No.26】 行政手続法に規定する行政指導に関する記述として、妥当なのはどれか。

1 申請の取下げを求める行政指導にあっては、行政指導に携わる者は、行政指導に従う意思がない旨を表明した申請者に対して当該行政指導を継続することにより、当該申請者の権利の行使を妨げるようなことをしてはならない。
2 行政手続法の行政指導に関する規定は、国の行政機関が行う行政指導と同様に、行政運営における公正の確保と透明性の向上を図るため、地方公共団体の機関が行う行政指導にも適用される。
3 行政指導は、非権力的事実行為であるから、行政指導の方式については行政手続法上、全く定められていない。
4 行政機関は、行政指導に従わない者に義務を課したり、その権利を制限したりするような法律上の拘束力を有する指導要綱によって、当該行政指導の求める内容を実現することができる。
5 行政指導は、行政需要の変動に機敏に対応するため、当該行政機関の組織法上の権限の範囲外であっても行うことができる。

1 正しい（行政手続法第33条）。
2 誤り。適用除外されている（行政手続法第3条第3項）。
3 誤り（行政手続法第35条）。
4 誤り。要綱は法的拘束力を及ぼすものではない。
5 誤り。当該行政機関の任務または事務の範囲を逸脱してはならない（行政手続法第32条）。

正答 1

【No.27】 行政法学上の即時強制に関する記述として、妥当なのはどれか。

1 行政上の即時強制は、行政機関が実力を行使して直接国民の身体、自由、財産に働き掛けこれを制約する作用で、行使するには、法律に根拠規定があり、その目的、要件、限界が法定されていなければならないので、条例を根拠規範とすることはできない。

2 行政上の即時強制のうち、法律に基づいて実施される身柄の収容、物の領置などは、強制的に人の自由を拘束し、継続的に受忍義務を課す作用であるから、公権力の行使に当たる行為とみなされ、民事訴訟によってその拘束の排除を求めることはできない。

3 行政上の即時強制を行うには、あらかじめ文書で戒告しなければならないが、非常の場合又は危険切迫の場合において、当該行為の急速な実施について緊急の必要があるときは、その手続を経ないで行うことができる。

4 行政上の即時強制は、即効的な執行方法であり、行政上の義務の履行を確保するのに強力な力を発揮するが、人権侵害を伴うおそれがあるため、例外的に最小限、個別法に特別の定めが置かれている。

5 行政上の即時強制は、法律に基づき行政庁により命ぜられた行為について義務者がこれを履行しない場合、他の手段によってその履行を確保することが困難であり、かつ、その不履行を放置することが著しく公益に反すると認められるときに行うことができる。

1 誤り。条例を根拠規範とすることも可能。
2 正しい。
3 誤り。即時強制は、何らかの予告もしないで、行政機関が実力を行使し、直接国民の身体、自由、財産に働きかけ、これを制約する作用である。
4 誤り。即時強制は、行政上の義務履行確保ではない。
5 誤り。代執行に関する記述である（行政代執行法第2条）。

正答 2

【No.28】 行政手続法に規定する申請に対する処分に関する記述として、妥当なのはどれか。

1 行政庁は、申請により求められた許認可等を拒否する処分を書面でする場合は、申請者に対し、同時に、当該処分の理由を書面により示さなければならない。

2 行政庁は、申請に対する処分について、行政上特別の支障がある場合には審査基準を定めるものとし、申請の提出先とされている機関の事務所における備付けその他の適当な方法により、その審査基準を公にしておかなければならない。

3 行政庁は、申請がその事務所に到達してから当該申請に対する処分をするまでに通常要すべき標準的な期間を定めなければならず、当該申請の提出先とされている機関の事務所における備付けその他の適当な方法により、公にしておかなければならない。

4 行政庁は、申請者の求めに応じて、当該申請に係る審査の進行状況及び当該申請に対する処分の時期の見通しを示さなければならないが、申請書の記載及び添付書類に関する情報を提供する必要はない。

5 行政庁は、申請が形式上の要件に適合しない場合には、速やかに、申請者に対し相当の期間を定めて、当該申請の補正を求めなければならず、当該申請により求められた許認可等を拒否することはできない。

1 正しい（行政手続法第8条）。
2 誤り。行政上特別の支障があるときを除き、審査基準を公にしておかなければならない（行政手続法第5条）。
3 誤り。標準的な期間を定めるように努めるとともに、これを定めたときは、公にしておかなければならない（行政手続法第6条）。
4 誤り。見通しを示すように努めなければならない。また、情報の提供に努めなければならない（行政手続法第9条）。
5 誤り。補正を求め、または当該申請により求められた許認可などを拒否しなければならない（行政手続法第7条）。

正答 1

【No.29】 行政事件訴訟法に規定する取消訴訟に関する記述として、妥当なのはどれか。

1 裁判所は、訴訟の結果により権利を害される第三者がある場合に、当事者の申立てがなければ、当該第三者を訴訟に参加させることはできない。
2 裁判所は、処分をした行政庁以外の行政庁を、決定をもって訴訟に参加させることができるが、当該決定に当たっては、あらかじめ、当該行政庁のみの意見を聞けば足りる。
3 行政庁の処分の取消しを求める訴訟は、当該処分に関し事案の処理に当たった下級行政機関の所在地の裁判所に提起することができる。
4 裁判所は、行政庁の処分が違法であっても、その処分の取消しにより公の利益に著しい障害を生ずる場合には、終局判決前に判決をもって、処分が違法であることを宣言することはできない。
5 処分を取消す判決は、その事件について処分をした行政庁その他の関係行政庁を拘束するが、第三者に対しては効力が及ばない。

1 誤り（行政事件訴訟法第22条第1項）。
2 誤り（行政事件訴訟法第22条第1項）。
3 正しい（行政事件訴訟法第12条第3項）。
4 誤り（行政事件訴訟法第31条第1項、第2項）。
5 誤り（行政事件訴訟法第32条第1項）。

正答 3

【No.30】 行政不服審査法に規定する教示に関する記述として、妥当なのはどれか。

1 教示の対象となる処分は、行政上の不服申立ての対象となる処分すべてを含むものであるため、行政庁は、書面及び口頭で行う処分について、職権による教示が義務付けられている。
2 教示の対象は処分の相手方であるため、処分の名あて人以外の利害関係人から不服申立ての可否に関する教示請求があっても、処分庁は、当該事項の教示を拒むことができる。
3 地方公共団体が、その固有の資格ではなく一般私人と同様の立場で処分の相手方となる場合であっても、処分庁には当該地方公共団体に対する教示義務は課されない。
4 処分庁が不服申立てをすべき行政庁を誤って教示し、不服申立人が教示された行政庁に不服申立書を提出したときは、教示された行政庁が不服審査の管轄権を得ることになり、初めから適法な不服申立てがあったものとみなされる。
5 行政庁が誤って法定の期間よりも長い期間を教示した場合、教示された期間内に不服申立てを行えば、法定期間経過後であっても、法定の期間内に不服申立てがなされたものとみなされる。

1 誤り（行政不服審査法第57条第1項のただし書）。
2 誤り（行政不服審査法第57条第2項）。利害関係人から教示には応じなくてはならない。
3 誤り（行政不服審査法第57条第4項）。
4 誤り（行政不服審査法第18条第1項）。書面で審査請求された行政庁は、審査請求書の正本・副本を処分庁または審査庁に送付し、かつ審査請求人に通知しなければならない。
5 正しい（行政不服審査法第19条）。

正答 5

【No.31】 国家賠償法に関するA～Dの記述のうち、妥当なものを選んだ組合せはどれか。

A 国又は公共団体の公権力の行使に当たる公務員が、その職務を行うについて、違法に他人に損害を加えたときは、故意又は過失を要件とすることなく、国又は公共団体が損害賠償責任を負う。

B 被害者に対して損害賠償責任を負う国又は公共団体は、加害者である公務員に故意又は重大な過失があったとき、その公務員に対して求償権を行使することができる。

C 最高裁判所の判例では、行政処分が違法であることを理由として国家賠償の請求をする場合には、あらかじめ当該行政処分につき取消判決を得なければならないものではないとした。

D 最高裁判所の判例では、営造物の設置又は管理の瑕疵とは、営造物が通常有すべき安全性を欠いていることをいい、これに基づく国又は公共団体の損害賠償責任については、過失を要件とするものとした。

1 A B
2 A C
3 A D
4 B C
5 B D

A 誤り（国家賠償法第1条第1項）。故意または過失は要件。
B 正しい（国家賠償法第1条第2項）。
C 正しい（最判昭36.4.21）。
D 誤り（国家賠償法第2条第1項）。
　よって、正しい組み合わせはBとCになり、正答は4。

正答 4

【No.32】 損失補償に関するA～Dの記述のうち、最高裁判所の判例に照らして、妥当なものを選んだ組合せはどれか。

A 火災の際の消防活動において、必ずしも延焼のおそれがあったとはいえない建物を、他の建物の延焼防止のために破壊する緊急の必要があった場合、建物を破壊したことは消防法による適法な行為であり、そのために損害を受けた者については、損失の補償を請求することができるとした。

B 土地収用法における損失の補償は、特定の公益上必要な事業のために土地が収用される場合、その土地の所有者等が被る特別な犠牲の回復を目的とするものであるから、都市計画上の道路用地として建築制限の有する土地の収用による損失の決定は、建築制限を受けた土地として評価算定すれば足りるとした。

C ため池の堤とうに農作物を植えることを禁止した条例は、災害を防止し公共の福祉を保持するためのものであり、ため池の堤とうを使用し得る財産権を有する者が当然受忍しなければならない責務というべきものであって、損失補償は不要であるとした。

D ガソリンタンクを地下に埋設した当時予測し得なかった地下横断歩道が設置されたため、タンクの位置が消防法に違反する結果となった場合、タンクの移設に要する費用は、受忍限度を超える損失として道路法により補償されるべきであるとした。

```
1  A  B
2  A  C
3  A  D
4  B  C
5  B  D
```

A 正しい（最判昭47.5.20）。
B 誤り。完全な補償が求められる（最判昭48.10.18）。
C 正しい（最判昭38.6.26）。
D 誤り（最判昭58.2.18）。
　よって、正しい組み合わせはAとCになり、正答は2。

正答　2

【No.33】 行政法学上の行政庁の権限の委任又は代理に関する記述として、妥当なのはどれか。

1 権限の代理は、行政機関の権限の全部又は一部を他の行政機関が代わって行うもので、代理機関が自己の権限として行使するものである。
2 権限の代理では、民法における顕名主義を採用していないので、代理機関は被代理機関の代理者であることを明示する必要はない。
3 権限の委任は、当事者の一方が法律行為を為すことを相手方に委託するものであり、代理権の付与を伴う。
4 権限の委任では、下級機関でない者に委任を行った場合、法律に別段の規定がなくても、委任機関は受任機関に対する指揮監督権を有する。
5 権限の委任は、法令の定める権限の一部を移動させることになるので、法律の根拠なしにはできない。

1 誤り。権限は移動していないため、自己の権限の行使ではない。
2 誤り。代理の旨を表示して行う。
3 誤り。行政官庁法理で代理権を伴う権限の委任は存在しない。
4 誤り。受任機関が行為責任を負う。
5 正しい。委譲には法律上の根拠が必要。

正答 5

【No.34】 行政法学上の公物に関する記述として、妥当なのはどれか。

1 公物は、国又は地方公共団体等の行政主体が所有する個々の財産であり、直接、公の目的に供用されるものであれば、特許権などの無体財産も、公物となる。

2 公物は、利用目的により公共用物と公用物に分類され、公共用物が国や県庁の建物及びその敷地等、官公署の用に供されるものをいうのに対して、公用物は、河川、公園、海岸等、公衆の用に供されるものをいう。

3 公物については、実定法上、通則法である公物管理法が制定されているため、一般法としての公物管理法に対して、道路法及び河川法は、特別法として位置付けられている。

4 公物は、人工公物と自然公物に分類できるが、人工公物のうち公共用物は、公衆の利用が可能となる時点を明確にする必要があり、公用開始行為が行政行為として行われる。

5 私人が私道を一般に利用させ、又は自己の所有する空地を一般に開放し、公園として自由に使用させているなど、私人が公の目的に供している道路及び空地は、行政主体が権原を取得していなくても、公物である。

1 誤り。公物は、有体物である。
2 誤り。公共用物と公用物の説明が逆である。
3 誤り。通則法としての公物管理法はない。
4 正しい。成立の問題と消滅の問題が生じる。
5 誤り。行政主体が支配権などの権原を有している必要がある。

正答 4

【No.35】 行政機関の保有する情報の公開に関する法律（情報公開法）に規定する行政文書の開示に関する記述として、妥当なのはどれか。

1 行政機関の長は、第三者に関する情報が記録されている行政文書について開示請求があったときは、第三者の権利利益の適正な保護を図るため、いかなる場合も当該第三者に意見書の提出の機会を与えなければならない。
2 開示請求の対象となる行政文書は、決裁、供覧等の手続を終了したものに限られないが、行政機関における意思決定前の審議、検討又は協議の段階において作成された文書は、開示の対象となることはない。
3 開示請求に対し、当該開示請求に係る行政文書が存在しているか否かを答えるだけで不開示情報を開示することとなるときは、行政機関の長は、当該行政文書の存否を明らかにしないで、当該開示請求を拒否することができる。
4 情報公開法は、国の行政機関の情報公開について定めたものであり、地方公共団体は対象となっていないので、国の行政機関が保有する文書のうち、地方公共団体の機関が作成した文書は、開示の対象とならない。
5 開示を請求することができるのは、日本国民に限られず、日本における居住は要件とされていないが、請求するに当たっては、その情報を請求する趣旨を明らかにしなければならない。

1 誤り（情報公開法第13条第1項、第2項）。
2 誤り（情報公開法第2条第2項）。
3 正しい（情報公開法第8条）。
4 誤り（情報公開法第2条第2項）。
5 誤り（情報公開法第4条第1項）。氏名、住所、文書を特定する事項などを明らかにする必要があるが、趣旨は不要。

正答 3

【No.36】 行政機関の保有する個人情報の保護に関する法律に関する記述として、妥当でないのはどれか。

1 行政機関は、個人情報を保有するに当たっては、法令の定める所掌事務を遂行するため必要な場合に限り、かつ、その利用の目的をできる限り特定しなければならない。
2 行政機関は、本人から直接書面に記録された当該本人の個人情報を取得するとき、取得の状況からみて利用目的が明らかであると認められる場合は、あらかじめ、本人に対し、その利用目的を明示する必要はない。
3 行政機関の長は、本人の同意があるときに限り、利用目的以外の目的のために保有個人情報を自ら利用し、又は提供することができる。
4 行政機関の長は、利用目的の達成に必要な範囲内で、保有個人情報が過去又は現在の事実と合致するよう努めなければならない。
5 行政機関の長は、保有個人情報の漏えい、滅失又はき損の防止その他の保有個人情報の適切な管理のために必要な措置を講じなければならない。

1 妥当である（個人情報保護法第3条第1項）。
2 妥当である（個人情報保護法第4条第4号）。
3 妥当でない（個人情報保護法第8条第2項）。
4 妥当である（個人情報保護法第5条）。
5 妥当である（個人情報保護法第6条第1項）。

正答 3

【No.37】 財政法に規定する予算に関するA～Dの記述のうち、妥当なものを選んだ組合せはどれか。

A 予算の内容は、予算総則、歳入歳出予算、継続費、繰越明許費、国庫債務負担行為及び日本銀行以外の金融機関からの一時借入金の最高額の6項目によって構成されている。

B 継続費とは、完成に数年度を要する事業について、特に必要がある場合に、経費の総額及び年割額を定め、あらかじめ国会の議決を経て、その議決するところに従い、数年度にわたって支出する経費で、国会が継続費成立後の会計年度の予算の審議において、当該継続費につき重ねて審議することを妨げるものではない。

C 繰越明許費とは、歳出予算の経費のうち、その性質上又は予算成立後の事由に基づき年度内にその支出が終わらなかったもので、繰越後、最初に開かれる国会の議決で使用することが許された経費をいう。

D 一時借入金は、国が国庫金の出納上必要があるときに、毎会計年度の国会の議決を経た最高額の範囲内でなすことができるものであるが、当該年度の歳入をもってこれを償還しなければならない。

1　A　B
2　A　C
3　A　D
4　B　C
5　B　D

A 誤り。財政法における予算の定義に「日本銀行以外の金融機関からの一時借入金の最高額」は含まれない。一時借入金の最高額は、予算総則の中で決める（財政法第16条）。
B 正しい。
C 誤り。繰り越す前に国会の議決が必要となる（財政法第14条の3）。
D 正しい。
　正しい組み合わせはBとD。よって正答は5。

正答　5

【No.38】 地方税の原則に関するA～Dの記述のうち、妥当なものを選んだ組合せはどれか。

A　応益性の原則は、公共財からの便益の大きさに応じて課税されるべきであるというものであり、能力に応じて課税されるべきであるという応能性の原則に対比して用いられる考え方である。

B　普遍性の原則は、特定の地方自治体に税収入が偏るような税目によって構成されるものであってはならず、すべての地方自治体に普遍的に存在する税源を対象として組み立てられなければならないという考え方である。

C　安定性の原則は、税制が財政支出の上昇にある程度耐えられるべきであるというものであり、社会的経済的情勢に応じて伸張性を持つ法人住民税や法人事業税が該当する税目となる。

D　負担分任の原則は、地方自治体が地域共同体である以上、地方自治体の構成員である住民が広く共通の経費負担を分かち合うべきであるというもので、固定資産税が該当する税目となる。

1　A　B
2　A　C
3　A　D
4　B　C
5　B　D

A　正しい。
B　正しい。
C　誤り。安定性の原則は景気変動などの影響を受けにくい税とすべきで、固定資産税などが該当する。問題文中の説明および法人住民税、法人事業税は「伸張性の原則」に該当する。
D　誤り。負担分任の原則が該当するのは個人住民税。
　正しい組み合わせはAとB。よって正答は1。

正答　1

【No.39】 封鎖経済の下で、政府が減税によって完全雇用国民所得水準を実現しようとする場合において、完全雇用国民所得水準が220兆円であるとき、乗数理論に基づいて計算したときに必要な減税額はどれか。ただし、Y＝C＋I＋G及びC＝c(Y－T)＋aが成り立つものとし、また、Yは国民所得、Cは民間消費、Iは民間投資で30兆円、Gは政府支出で30兆円、cは限界消費性向で0.8、Tは税収額で30兆円、aは基礎消費で4兆円とし、その他の条件は考えないものとする。

1　5兆円
2　10兆円
3　15兆円
4　20兆円
5　25兆円

　問題文中の二つの算式に与えられた数字を順にあてはめていくと、第1式は220＝C＋30＋30よりC＝160。
　第2式は、160＝0.8 {220－(30－減税額)} ＋4となることから、減税額は5（兆円）となる。よって正答は1となる。

正答　1

【No.40】 地方債に関する記述として、妥当なのはどれか。

1 特別地方公共団体のうち、特別区及び財産区は、地方自治法の規定に基づき地方債を起こすことができるが、一部事務組合や広域連合については、地方債を起こすことができない。

2 普通税の税率のいずれかが標準税率未満である地方公共団体は、財源に余裕があることから、総務大臣又は都道府県知事の許可がある場合でも、公共施設の建設事業費の財源とする地方債を起こすことはできない。

3 公共施設の建設事業費に係る地方債の償還年限は、当該地方債を財源として建設した公共施設の耐用年数を超えないようにしなければならないが、当該地方債を借り換える場合については、耐用年数を超えることができる。

4 地方公共団体は、地方債を起こす場合の総務大臣又は都道府県知事との協議において、同意を得た地方債についてのみ、公的資金を借り入れることができ、同意を得ない場合でも、地方債を起こすことができる。

5 地方債を発行する形式としては、借用証書によって金融機関から借り入れる方式は認められていないが、地方債証券を発行して募集や売出しによって資金を得る方式は認められている。

1 誤り。地方自治法第292条の準用規定などにより、一部事務組合や広域連合も起債できる。
2 誤り。06年度の地方債制度の改正に伴い、総務大臣または都道府県知事の許可がある場合、地方債を起債できる。
3 誤り。借り換えの場合も、耐用年数を超えてはならない（地方財政法第5条の2）。
4 正しい。同意のない地方債も起債できる（地方財政法第5条の3第3項）。
5 誤り。財政融資資金、地方公共団体金融機構資金など、証書借り入れ方式が使われる。

正答 4

§2 平成23年度

択一式問題　Ⅰ類事務・技術

地方自治制度
　出題数は14問で、地方公共団体の事務、条例・規則から各1問、議会、執行機関から各4問、財務から2問、紛争処理、特別区から各1問となっている。問題No.1は選択肢4で用語に誤りがあったため、「正答なし」で、全員正答扱いとなった。出題は、22年度2問あった二つの正答を組み合わせる形式がなくなった。

地方公務員制度
　例年通りの6問が出題された。法律や行政実例に沿ったオーソドックスな設問が多く、事前学習の有無が解答できたか否かに大きく影響したと推測される。

行政法
　出題数は16問で、最も出題数が多い分野だった。設問形式では、正しい組み合わせを選ぶパターンが5題あった。
　内容的には、条文や行政実例がそのまま出て、条文の正確な理解が得点のポイントとなった問題が主だったが、行政法学上の概念等に関してやや難解な設問もあった。

財政学・地方財政制度
　例年と同様、設問数は4問だった。昨年出題された計算問題などはなく、制度を問う内容となっており、実務性が強い傾向が見られる。問題No.37や問題No.40のように、時事性の高い設問も特徴的と言える。

23年度　Ⅰ類択一式問題の正答

分野	問題	正答	出題内容
地方自治制度	No.1	なし	地方公共団体の事務
	No.2	2	条例又は規則
	No.3	2	議会の議員の兼職又は兼業
	No.4	1	議会の議長又は副議長
	No.5	2	議会
	No.6	1	議会の議員の懲罰
	No.7	4	長の公共的団体等の監督
	No.8	2	副知事又は副市町村長
	No.9	4	議会と長との関係
	No.10	5	執行機関である委員会又は委員と長との関係
	No.11	5	継続費、繰越明許費又は債務負担行為
	No.12	2	物品
	No.13	3	相互間の紛争処理
	No.14	3	特別区
地方公務員制度	No.15	3	人事委員会又は公平委員会の権限
	No.16	4	職員の任用
	No.17	5	分限処分
	No.18	4	営利企業等の従事制限
	No.19	3	勤務条件に関する措置の要求
	No.20	4	罰則
行政法	No.21	4	法律による行政の原理
	No.22	3	行政法学上の特許
	No.23	5	行政裁量
	No.24	4	行政行為の取消し
	No.25	2	法規命令
	No.26	4	行政計画
	No.27	3	強制執行
	No.28	3	不服申立て
	No.29	2	抗告訴訟
	No.30	5	行政罰
	No.31	1	国家賠償法（判例、通説）
	No.32	5	損失補償（最高裁判例）
	No.33	2	権限の委任
	No.34	4	警察
	No.35	1	仮の救済
	No.36	3	個人情報の保護に関する法律
地方財政制度・財政学	No.37	3	地方公会計制度における財務書類4表
	No.38	5	地方税の分類
	No.39	4	財政政策又は金融政策についての考え方
	No.40	1	地方財政計画

（注）No.1～20は事務・技術共通問題、No.21～40は事務専門問題

【No. 1】 地方自治法に規定する地方公共団体の事務に関する記述として、妥当なのはどれか。

1　市町村は、基礎的な地方公共団体として、広域にわたるもの及び市町村に関する連絡調整に関するものを除いた全ての事務を処理しなければならない。
2　市町村は、その地域における総合的かつ計画的な行政の運営を図るための基本構想を定めなければならないが、これを定めるに当たっては、議会の議決を経る必要はない。
3　普通地方公共団体の事務は、自治事務と法定受託事務に区分され、普通地方公共団体は、自治事務に関してのみ条例を制定することができる。
4　地方公共団体は、常にその組織及び運営の合理化に努めるとともに、他の地方公共団体に協力を求めてその規模の適性化を図らなければならない。
5　市町村及び特別区は、法令に違反してその事務を処理してはならないが、当該都道府県の条例に違反して行った市町村及び特別区の行為は、無効とはならない。

1　誤り。一般の市町村の処理が適当でないと認められる事務の処理は、原則都道府県である（地方自治法第2条第5項）。
2　誤り。基本構想の規定は削除された（同法一部改正、平23.8.1施行）。
3　誤り。法定受託事務も、条例を制定することができる（同法第14条第1項）。
4　用語に誤り（同法第2条第15項）。
5　誤り。無効となる（同法第2条第17項）。

正答なし（全員正解扱い）

【No．2】 地方自治法に規定する条例又は規則に関する記述として、妥当なのはどれか。

1　全ての条例の提案権は、普通地方公共団体の長及び議会の議員・委員会の双方が有しており、どちらか一方に提案権が専属することはない。
2　普通地方公共団体の長は、条例の規定による委任があっても、普通地方公共団体の規則に刑罰規定を設けることはできない。
3　普通地方公共団体の長は、普通地方公共団体の規則中に、過料を科する旨の規定を設けることができるので、普通地方公共団体は、その条例中に、過料を科する旨の規定を設けることはできない。
4　普通地方公共団体は、法令に特別の定めがあるものを除くほか、その条例中に、条例に違反した者に対し、懲役又は禁錮の刑を科する旨の規定を設けることはできない。
5　普通地方公共団体の条例は、当該普通地方公共団体の区域においてのみ効力を有し、その区域外において当該普通地方公共団体の住民以外の者に対して適用されることはない。

1　誤り。市町村の議会事務局の設置条例の提案権は議員に専属する（行政実例昭53.3.22）。
2　正しい（行政実例昭25.7.31）。
3　誤り。規定を設けることができる（地方自治法第14条第3項）。
4　誤り。規定を設けることができる（同法第14条第3項）。
5　誤り。条例に別段の定めがある場合は適用される（最高裁判例昭29.11.24）。

正答　2

【No. 3】 地方自治法に規定する普通地方公共団体の議会の議員の兼職又は兼業に関する記述として、妥当なのはどれか。

1 普通地方公共団体の議会の議員は、一定の期間を限り臨時的に雇用され、その期間中常時勤務している地方公共団体の職員と兼ねることができる。

2 普通地方公共団体の議会の議員は、他の地方公共団体の議会の議員と兼ねることができないが、当該地方公共団体が組織する一部事務組合又は広域連合の議会の議員と兼ねることはできる。

3 普通地方公共団体の議会の議員は、隔日勤務の地方公共団体の職員であれば、その職務内容の性質から他の常勤の職員と同一のものとして取り扱われる場合であっても、兼ねることができる。

4 普通地方公共団体の議会の議員は、当該普通地方公共団体に対し請負をする者及びその支配人となることはできないが、主として同一の行為をする法人の無限責任社員となることはできる。

5 普通地方公共団体の議会の議員は、当該普通地方公共団体の選挙管理委員と兼ねることができる。

1 誤り。兼ねることができない（地方自治法第92条第2項、行政実例昭26.8.15）。
2 正しい（同法第287条第2項、同法第291条の4第4項）。
3 誤り。兼ねることができない（同法第92条第2項、行政実例昭26.8.15）。
4 誤り。無限責任社員となることはできない（同法第92条の2）。
5 誤り。兼ねることができない（同法第182条第7項）。

正答 2

【No. 4】 地方自治法に規定する普通地方公共団体の議会の議長又は副議長に関する記述として、妥当なのはどれか。

1 普通地方公共団体の議会の議長及び副議長にともに事故があるときは、仮議長を選挙し、議長の職務を行わせるが、議会は、仮議長の選任を議長に委任することができる。
2 普通地方公共団体の議会又は議長の処分又は裁決に係る普通地方公共団体を被告とする訴訟については、当該普通地方公共団体の長が当該普通地方公共団体を代表する。
3 普通地方公共団体の議会の議長は、委員会に出席し、議事の内容に立ち入って質疑をすることはできるが、意見を陳述することはできない。
4 普通地方公共団体の議会により不信任議決を受けた議長又は副議長は、不信任議決によってその職を失うが、不信任議決に対して訴訟を提起することができる。
5 普通地方公共団体の議会の議長の選挙事由は、議長が欠けてはじめて生ずるものであるが、欠員が生じない以前に行われた議長の選挙は適法である。

1 正しい（地方自治法第106条第3項）。
2 誤り。議長が代表する（同法第105条の2）。
3 誤り。意見を陳述することができる（行政実例昭27.6.21）。
4 誤り。不信任議決によってその職を失うものではない（行政実例昭23.8.7）。
5 誤り。違法である（行政実例昭23.8.23）。

正答 1

【No. 5】 地方自治法に規定する普通地方公共団体の議会に関する記述として、妥当なのはどれか。

1 普通地方公共団体の議会の議員は、定数の12分の1以上の賛成があれば、当該普通地方公共団体の議会の議決すべき事件である予算案を、議会に提出することができる。
2 普通地方公共団体の議会の議長は、当該普通地方公共団体の議会の議員の定数の半数以上の者から請求があるときは、その日の会議を開かなければならない。
3 普通地方公共団体の議会には会期不継続の原則があり、会期中に議決に至らず、議会閉会中の継続審査に付された事件であっても、当然に次の会期に継続するものではなく、次の会期において改めて提案しなければならない。
4 普通地方公共団体の議会の会議中、議場が騒然として整理することが困難であると議長が認める場合でも、議員中に閉議に異議のある者がいるときは、議長は、職権で閉議することができない。
5 普通地方公共団体の議会において行う議長、副議長、仮議長の選挙は、単記無記名の投票によって行われ、被指名人を以て当選人とする指名推選の方法を用いることはできない。

1 誤り。予算案を議会に提出することはできない（地方自治法第112条第1項）。
2 正しい（同法第114条第1項）。
3 誤り。新たに提案することを要しない（行政実例昭24.1.10）。
4 誤り。職権で閉議することができる（最判昭33.2.4）。
5 誤り。指名推薦の方法を用いることができる（同法第118条第2項）。

正答 2

【No. 6】 地方自治法に規定する普通地方公共団体の議会の議員の懲罰に関する記述として、妥当なのはどれか。

1　懲罰処分の効力の発生の時期は、議決のときであり、本人に対しその旨の通知がなされたときではない。
2　懲罰のうち一定期間の出席停止は、議員の権利行使の一時的制限であるため、行政不服審査法に基づく不服申立ての対象となる。
3　正当な理由がなくて会議に欠席したため、議長が特に招状を発しても、なお故なく出席しない議員は、議長が会議の議決を経ずに懲罰を科することができる。
4　議会は、地方自治法に違反した議員に対し、議決により懲罰を科することができるが、会議規則に違反した議員に対し、議決により懲罰を科することはできない。
5　一つの行為について懲罰を科した場合に、同一行為について重ねて異種の懲罰を科することはできる。

1　正しい（行政実例昭25.10.9）。
2　誤り。不服申し立ての対象とならない（自治大臣審決昭35.10.19）。
3　誤り。議会の議決を経て懲罰を科する（地方自治法第137条）。
4　誤り。懲罰を科することができる（同法第134条第1項）。
5　誤り。重ねて懲罰を科することはできない（福岡地裁判決昭33.9.30）。

正答　1

【No. 7】 地方自治法に規定する普通地方公共団体の長の公共的団体等の監督に関する記述として、妥当なのはどれか。

1 普通地方公共団体の長は、当該普通地方公共団体の区域内の公共的団体等をして事務の報告をさせ、書類及び帳簿を提出させることはできるが、実地について事務を視察することはできない。

2 普通地方公共団体の長は、当該普通地方公共団体の区域内の公共的団体等の監督上必要な処分をすることはできるが、当該公共的団体等の監督官庁の措置を申請することはできない。

3 普通地方公共団体の長がとった当該普通地方公共団体の区域内の公共的団体等に対する監督上必要な処分については、当該公共的団体等の監督官庁は、これを取り消すことができない。

4 普通地方公共団体の長は、当該普通地方公共団体の区域内の公共的団体等の活動の総合調整を図るため、これを指揮監督することができ、この指揮監督は当該普通地方公共団体の議会の議決に基づいて行われる。

5 普通地方公共団体の長が指揮監督することのできる公共的団体等とは、農業協同組合、社会福祉協議会など、公共的な活動を営むものであり、かつ、法人格を有するものである。

1 誤り。視察することができる（地方自治法第157条第2項）。
2 誤り。申請することができる（同法第157条第3項）。
3 誤り。処分を取り消すことができる（同法第157条第4項）。
4 正しい（行政実例昭22.5.29）。
5 誤り。法人格の有無を問わない（行政実例昭24.2.7）。

正答　4

【No. 8】 地方自治法に規定する普通地方公共団体の副知事又は副市町村長に関する記述として、妥当なのはどれか。

1 普通地方公共団体の長の職務を代理する副市町村長は、退職しようとするときは、その退職しようとする日前20日までに、当該普通地方公共団体の長に申し出なければならないが、長の承認を得たときは、その期日前に退職できる。

2 普通地方公共団体の副市町村長を選任する場合、副市町村長の任期を、当該普通地方公共団体の長の任期限をもって副市町村長の任期限とすることは、副市町村長の同意があっても違法である。

3 普通地方公共団体の長、会計管理者又は監査委員と親子、夫婦又は兄弟姉妹の関係にある者は、当該普通地方公共団体の副知事又は副市町村長となることができない。

4 普通地方公共団体の副知事及び副市町村長は、当該普通地方公共団体に対して請負をする者となることができず、請負をする者となったときは、当該普通地方公共団体の長による解職を必要とせず、当然にその職を失う。

5 普通地方公共団体の副知事及び副市町村長の任期は4年であるが、当該普通地方公共団体の長は、任期中においても副知事及び副市町村長を解職することができ、この場合、議会の同意が必要となる。

1 誤り。議長に申し出なければならない（地方自治法第165条第1項）。
2 正しい（行政実例昭27.10.7）。
3 誤り。副知事及び副市町村長には、親族の就職禁止の規定はない。
3 誤り。解職をしなければならない（同法第166条第3項）。
4 誤り。議会の同意は必要ない（同法第163条）。

正答　2

【No. 9】 地方自治法に規定する普通地方公共団体の議会と長との関係に関する記述として、妥当なのはどれか。

1 普通地方公共団体の長は、当該普通地方公共団体の議会における条例の制定若しくは改廃又は予算に関する議決について異議があるときは、その理由を示してこれを再議に付し、なお議会の議決が再議に付された議決と同じ議決であるときには、これを不信任の議決とみなし、議会を解散することができる。

2 普通地方公共団体の長は、当該普通地方公共団体の議会の議決が法令に違反すると認めるときは、理由を示してこれを再議に付さなければならず、なお議会の議決が法令に違反すると認めるときは、裁判所に出訴しなければならない。

3 普通地方公共団体の長が当該普通地方公共団体の議会の議長から不信任決議の通知を受けたとき既に議員が総辞職しており又は不信任議決の通知を受けた日から10日以内に議員が総辞職したために、長が議会を解散できない場合は、長は、その職を失う。

4 普通地方公共団体の議会の議決が、収入又は支出に関し執行することができないものがあると認めるときは、当該普通地方公共団体の長は、理由を示してこれを再議に付さなければならない。

5 普通地方公共団体の議会において、非常の災害による応急若しくは復旧の施設のために必要な経費を削除する議決をしたときは、当該普通地方公共団体の長は、これを再議に付すことなく、その経費及びこれに伴う収入を予算に計上してその経費を支出することができる。

1 誤り。その議決は確定する（地方自治法第176条、同第2項）。
2 誤り。審査を申し立てることができる（同法第176条第5項）。
3 誤り。長は失職しない（行政実例昭25.11.30）。
4 正しい（同法第177条第1項）。
5 誤り。再議に付さなければならない（同法第177条第2項）。

正答 4

【No.１０】 地方自治法に規定する普通地方公共団体の執行機関である委員会又は委員と長との関係に関する記述として、妥当なのはどれか。
1 普通地方公共団体の長は、予算の執行の適正を期するため、委員会又は委員に対して、収入及び支出の実績について報告を徴することはできるが、予算の執行状況を実地について調査することはできない。
2 普通地方公共団体の長は、組織運営の合理化と権衡の保持を図るため、当該普通地方公共団体の委員会又は委員に対して、事務局の組織、職員の定数又は職員の身分取扱について、必要な措置を講じるよう命ずることができる。
3 普通地方公共団体の委員会又は委員は、法律に特別の定めがあるものを除き、当該普通地方公共団体の長と協議して、その所掌事務に係る議会の議決を経べき事件につきその議案を提出することができる。
4 普通地方公共団体の委員会は、法律に特別の定めがあるものを除き、当該普通地方公共団体の長から委任があっても、その所掌事務に係る手数料を徴収することはできない。
5 普通地方公共団体の委員会又は委員は、政令で定める事務を除き、その権限に属する事務の一部を、当該普通地方公共団体の長と協議して、長の補助機関である職員に委任し、若しくは補助執行させることができる。

1 誤り。調査することができる（地方自治法第221条第１項）。
2 誤り。勧告することができる（同法第180条の４第１項）。
3 誤り。議案を提出することはできない（同法第180条の６第２号）。
4 誤り。徴収することができる（通知昭38.12.19）。
5 正しい（同法第180条の７）。

正答 5

【No.11】 地方自治法に規定する継続費、繰越明許費又は債務負担行為に関する記述として、妥当なのはどれか。

1 継続費とは、歳出予算の経費のうち、その性質上又は予算成立後の事由に基づき年度内にその支出の終わらない見込みのあるものについて、予算の定めるところにより、翌年度に繰り越して使用できる経費をいう。
2 普通地方公共団体の経費をもって支弁する事件で、その履行に数年度を要するものについては、予算の定めるところにより、その経費の総額を定め、数年度にわたって支出することができ、これを繰越明許費という。
3 継続費の毎会計年度の年割額に係る歳出予算の経費のうち、その年度内に支出の終わらなかったものは、当該継続費の継続年度の終わりまで逓次繰り越して使用できるが、この場合は、翌年度分として議会の繰越予算の議決を要する。
4 一般会計より特別会計又は基金に対し、数年度にわたって繰り出すことを決定した場合は、一般会計予算において、債務負担行為として定めなければならない。
5 債務負担行為は、将来にわたる債務を負担する行為であり、債務負担行為として予算で定められた事項は、その支出すべき年度において、義務費として歳入歳出予算に計上される。

1 誤り。継続費ではなく繰越明許費の記述である（地方自治法第213条第2項）。
2 誤り。繰越明許費ではなく継続費の記述である（同法第212条第2項）。
3 誤り。報告のみで議決は要しない（行政実例昭25.7.6）。
4 誤り。定める必要はない（行政実例昭39.6.25）。
5 正しい。

正答 5

【No.12】 地方自治法に規定する物品に関する記述として、妥当なのはどれか。

1 物品とは、普通地方公共団体の所有に属する動産のことであり、公有財産に属する動産や現金に代えて納付される証券は物品に含まれるが、現金は含まれない。

2 物品に関する事務に従事する職員は、その取扱いに係る証紙その他その価格が法令の規定により一定している物品を、普通地方公共団体から譲り受けることができる。

3 物品の出納は、会計管理者の権限であり、会計管理者は、普通地方公共団体の長の通知がなくても、物品を出納することができる。

4 物品を使用している職員は、故意により、その使用に係る物品を亡失し又は損傷したときに限り、これによって生じた損害を賠償しなければならない。

5 物品に関する事務に従事する職員は、不用の決定をした物品で普通地方公共団体の長が指定するものであっても、その取扱いに係る物品を当該普通地方公共団体から譲り受けることができず、これに違反した行為は無効となる。

1 誤り。現金を含む（地方自治法第239条第1項第1号）。
2 正しい（地方自治法施行令第170条の2第1号）。
3 誤り。長の通知がなければ、物品を出納することができない（同令第170条の3）。
4 誤り。重大な過失でも賠償しなければならない（地方自治法第243条の2第1項）。
5 誤り。譲り受けることができる（地方自治法施行令第170条の2第2号）。

正答　2

【No.13】 地方自治法に規定する国と普通地方公共団体との間並びに普通地方公共団体相互間及び普通地方公共団体の機関相互間の紛争処理に関する記述として、妥当なのはどれか。

1 普通地方公共団体相互の間又は普通地方公共団体の機関相互の間に紛争があるとき、都道府県が当事者となるものにあっては総務大臣は、当事者の文書による申請に基づく場合を除き、自治紛争処理委員を任命し、その調停に付することができない。

2 市町村長の担任する事務に関する都道府県の関与のうち、総務大臣が自治紛争処理委員による審査に付することができるのは、是正の要求、許可の拒否その他の処分その他公権力の行使及び都道府県の不作為であり、市町村の法令に基づく市町村長の協議の申出の不調は、審査に付することはできない。

3 国地方係争処理委員会は、自治事務に関する国の関与について審査の申出があった場合は、審査を行い、国の行政庁の行った国の関与が普通地方公共団体の自主性及び自立性を尊重する観点から不当であると認めるときは、当該国の行政庁に対し、必要な措置を講ずべきことを勧告しなければならない。

4 国地方係争処理委員会は、審査を行うため必要があると認めるときは、国の関与に関する審査を申し出た普通地方公共団体の長その他の執行機関又は国の行政庁の申立てにより証拠調べをすることができるが、職権で証拠調べをすることはできない。

5 都道府県の関与に不服があり、自治紛争処理委員による審査を申し出た市町村長は、自治紛争処理委員の勧告に不服がある場合、都道府県の行政庁を被告として、訴えをもって違法な都道府県の関与の取消しを求めることができるが、都道府県の不作為の違法の確認を求めることはできない。

1 誤り。職権により調停に付することができる（地方自治法第251条の2第1項）。
2 誤り。審査に付すことができる（同法第251条の3第3項）。
3 正しい（同法第250条の14第1項）。
4 誤り。職権で証拠調べをすることができる（同法第250条の16第1項）。
5 誤り。確認を求めることができる（同法第252条第1項）。

正答 3

【No.14】 地方自治法に規定する特別区に関する記述として、妥当なのはどれか。

1 特別区は、平成10年の地方自治法改正により、基礎的な地方公共団体と位置付けられ、普通地方公共団体とされた。
2 都は、特別区の存する区域において、道府県が処理するものとされている事務と同様の事務を処理し、特別区はそれ以外の事務を処理する。
3 都区協議会は、都及び特別区の事務の処理について、都と特別区及び特別区相互の間の連絡調整を図るために設けられる。
4 都区協議会は、都知事及び特別区の全区長の24人の委員をもって組織され、会長は都知事をもって充てる。
5 特別区財政調整交付金に関する条例を制定する場合において、都知事は、あらかじめ都区協議会の意見を聴くことができるが義務付けられてはいない。

1 誤り。特別地方公共団体である（地方自治法第1条の3第3項）。
2 誤り。都は、特別区の連絡調整、及び都が一体的に処理することが必要であると認められる事務も処理する（同法第281条の2第2項）。
3 正しい（同法第282条の2第1項）。
4 誤り。委員は16人（うち区長8人）、会長は委員の互選である（地方自治法施行令第210条の16第2項、第3項、第5項）。
5 誤り。意見を聴かなければならない（地方自治法第282条の2第2項）。

正答 3

【No.15】 地方公務員法に規定する人事委員会又は公平委員会の権限に関する記述として、妥当なのはどれか。

1 人事委員会は、職員の給与、勤務時間その他の勤務条件に関する措置の要求又は職員に対する不利益な処分についての不服申立てを除き、職員の苦情を処理することができない。

2 人事委員会は、職員に対する不利益な処分についての不服申立てに対する裁決又は決定について、当該人事委員会の委員には委任することができるが事務局長には委任することができない。

3 人事委員会は、法律又は条例に基づくその権限の行使に関し必要があるときは、検察庁その他の官公署、民間の会社から書類の提出を求めることができる。

4 人事委員会及び公平委員会は、職員の給与が地方公務員法及びこれに基づく条例に適合して行われることを確保するため、必要な範囲において、職員に対する支払を監理する。

5 人事委員会及び公平委員会は、給与、勤務時間その他の勤務条件に関し講ずべき措置について地方公共団体の長に勧告することができる。

1 誤り。職員の苦情を処理することができる（地方公務員法第8条第1項第11号）。
2 誤り。裁決または決定の委任はできない（同法第50条第2項）。
3 正しい（行政実例昭和28年6月26日）。
4 誤り。人事委員会のみの権限である（地方公務員法第8条第1項第8号）。
5 誤り。人事委員会のみの権限である（同法第8条第1項第5号）。

正答 3

【No.16】 地方公務員法に規定する職員の任用に関する記述として、妥当なのはどれか。

1 人事委員会を置く地方公共団体における職員の採用は、受験者が有する職務遂行の能力を相対的に判定するために必ず競争試験によるものとされ、選考によることはできない。
2 人事委員会を置く地方公共団体においては、任命権者は、職員の職に欠員を生じた場合に、採用、昇任、降任又は転任の方法のうちのいずれによるべきかについての一般的基準を定めなければならない。
3 人事委員会は、他の地方公共団体の機関との協定により、この機関と共同して競争試験を行うことができるが、この機関に委託して競争試験を行うことはできない。
4 採用候補者名簿に記載された者の数が人事委員会の提示すべき志望者の数よりも少ないときは、人事委員会は、他の最も適当な採用候補者名簿に記載された者を加えて提示することができる。
5 人事委員会は、その定める職員の職について任用候補者名簿がなく、かつ、人事行政の運営上必要であると認める場合でも、その職の選考に相当する国の選考に合格した者を、その職の選考に合格した者とみなすことはできない。

1 誤り。選考によることを妨げない（地方公務員法第17条第3項）。
2 誤り。一般的基準を定めることができる（同法第17条第2項）。
3 誤り。他の地方公共団体の機関に委託して行うことができる（同法第18条第1項）。
4 正しい（同法第21条第4項）。
5 誤り。合格した者とみなすことができる（同法第18条第2項）。

正答　4

【No.１７】 地方公務員法に規定する分限処分に関する記述として、妥当なのはどれか。

1 任命権者は、収賄事件で起訴された職員に対して、分限休職と分限降任の二つの処分を併せて行うことはできない。
2 任命権者は、休職者として取り扱われる職員団体の在籍専従職員が刑事事件に関し起訴された場合、当該在籍専従職員を休職処分にすることはできない。
3 予算の減少は分限免職の事由となるが、予算の絶対額の減少はないものの当該予算額算定の基礎が変更されたため、当初予算額によって支弁されるべき事業量が減少し、過員を生じたような場合は、分限免職の事由とならない。
4 職員の意に反する降任、免職、休職及び降給の手続及び効果は、法律に特別の定めがある場合を除く外、人事委員会規則で定めなければならない。
5 休職を命ぜられて休職中の職員から自発的に退職の願い出があった場合、これに対し依願退職を発令することができ、復職を命ずることなく、休職のまま、退職させることができる。

1 誤り。二つの処分を併せて行うことは可能である（行実昭43.3.9）。
2 誤り。休職処分にすることができる（行実昭38.9.20）。
3 誤り。分限免職の事由となる（行実昭28.6.8）。
4 誤り。条例で定めなければならない（地方公務員法第28条第3項）。
5 正しい（行実昭27.10.24）。

正答 5

【No.18】 地方公務員法に規定する営利企業等の従事制限に関する記述として、妥当なのはどれか。

1 職員が農業協同組合の役員となる場合、農業協同組合は法律で営利を目的とはしないものとされているため、報酬を受けるか否かに関わらず、任命権者の許可を要しない。
2 職員が寺院の住職の職を兼ね、葬儀、法要等を営む際布施その他の名目により事実上当該職員の収入がある場合、この収入は報酬と考えられるので、任命権者の許可を要する。
3 職員は、任命権者の許可を受けなければ、自ら営利を目的とする私企業を営むことはできないが、農業を自ら営む場合は、これが営利を目的とするものであっても私企業には含まれないので、任命権者の許可を要しない。
4 職員が刑事事件に関して起訴されたことにより休職処分を受けた場合、職務専念義務は免除されることになるが、この期間中に報酬を得て他の事業に従事しようとするときは、任命権者の許可を要する。
5 職員は、勤務時間中に営利企業等に従事しようとするときは任命権者の許可を受けることが必要であるが、この許可を受けた場合は、別途職務専念義務の免除又は年次有給休暇の承認を受けることを要しない。

1 誤り。報酬を受ける場合は、許可を要する（行実昭26.5.14）。
2 誤り。報酬とは考えられないので、許可を要しない（行実昭26.6.20）。
3 誤り。営利を目的とする場合は、許可を要する（行実昭26.5.14）。
4 正しい（行実昭43.7.11）。
5 誤り。職務専念義務の免除または年次有給休暇の承認を受けなければならない。

正答 4

【No.19】 地方公務員法に規定する勤務条件に関する措置の要求に関する記述として、妥当なのはどれか。

1 任命権者の行う勤務成績の評定は、職員の勤務実績を評定し、記録するものであり、それ自体を勤務条件と考えることができるので、勤務成績の評定制度自体を措置要求の対象とすることができる。
2 措置要求は、現に適用されている制度の改廃又はその運用に伴う勤務条件の改善を求めるものであるので、職員は、現在の勤務条件を変更しないように求める措置要求を行うことはできない。
3 最高裁判所の判例では、地方公務員法に基づく職員の勤務条件に関する措置要求の申立に対する人事委員会の判定は、取消訴訟の対象となる行政処分に当たるとした。
4 措置要求は、個々の職員が個別的に、又は共同して行うものであるので、職員は、他の職員から民法上の委任による代理権を授与されて措置要求を行うことはできない。
5 人事委員会が既に判定を下した事案とその要求の趣旨及び内容が同一と判断される事項を対象として、同一人から再び措置要求が提起された場合は、一時不再理の原則を適用して措置要求を却下することができる。

1 誤り。勤務条件とは考えられないため、対象にできない（行実昭33.5.8）。
2 誤り。現行勤務条件の不変更を求める措置要求はできる（行実昭33.11.17）。
3 正しい（昭36.3.28判決）。
4 誤り。代理権の授受に基づいて行う代理行為は認められる（行実昭32.3.1）。
5 誤り。一事不再理の原則は適用されない（行実昭34.3.5）。

正答 3

【No.２０】 地方公務員法に規定する罰則に関する記述として、妥当なのはどれか。
1　職員は、文書又は図画を地方公共団体の庁舎施設等に掲示し、又は掲示させ、その他地方公共団体の庁舎、施設、資材又は資金を利用し、又は利用させた場合、懲役又は罰金に処せられる。
2　人種、信条、性別、社会的身分若しくは門地によって、又は政治的意見若しくは政治的所属関係によって差別するよう職員をそそのかした者は、懲役又は罰金に処せられる。
3　職員は、地方公共団体の機関が代表する使用者としての住民に対して同盟罷業、怠業その他の争議行為を実行し、又は地方公共団体の機関の活動能率を低下させる怠業的行為を実行した場合、懲役又は罰金に処せられる。
4　職員は、退職者に対して、退職した職又はこれに相当する職に係る任命権者の許可を受けることなく、法令による証人、鑑定人となり、職務上の秘密に属する事項を発表するようそそのかした場合、懲役又は罰金に処せられる。
5　職員は、日本国憲法又はその下に成立した政府を暴力で破壊することを主張する政党その他の団体を結成し、又はこれに加入した場合、懲役又は罰金に処せられる。

1　誤り。政治的行為の制限には抵触するが、罰則の適用はない（地方公務員法第36条第２項第４号）。
2　誤り。罰則の適用はない（同法第62条）。
3　誤り。争議行為の実行については罰則の適用はない（同法第37条第１項、同法第61条第４項）。
4　正しい（同法第62条）。
5　誤り。法の規定する欠格条項に該当する（同法第16条第５号）。

正答　4

【No.21】 行政法学上の法律による行政の原理に関する記述として、妥当なのはどれか。

1 重要事項留保説とは、侵害行政のみならず、社会権の確保を目的として行われる生活配慮行政にも法律の根拠を必要とするという考えである。
2 全部留保説とは、行政活動のうち、給付行政や授益的行為であっても、行政が権力的に実施する場合には、法律の根拠を必要とするという考えである。
3 法律の優位の原則とは、行政活動が行われるためには、必ず法律の根拠を必要とする原則である。
4 侵害留保説とは、国民に義務を課したり、国民の権利を制限するような行政活動についてのみ、法律の根拠を必要とするという考えである。
5 法律の法規創造力とは、法律が存在する場合には、行政活動はこれに反してはならず、法律違反の行政活動は無効になるということである。

1 誤り。重要事項留保説とは、行政分野を問わず重要事項について法律の根拠を必要とする考えである。
2 誤り。全部留保説とは、行政活動の全てについて法律の根拠が必要であるとする見解である。
3 誤り。この選択肢の記述内容は、法律の留保についての説明である。
4 正しい。
5 誤り。この選択肢の内容は、法律優位の原則の説明である。

正答 4

【No.22】 次の行政行為A〜Eのうち、行政法学上の特許に該当するものを選んだ組合せとして、妥当なのはどれか。

A　特許法に基づく特許
B　公有水面埋立法に基づく公有水面の埋立免許
C　河川法に基づく河川占用権の譲渡の承認
D　鉱業法に基づく鉱業権設定の許可
E　食品衛生法に基づく営業許可

1　A　C
2　A　D
3　B　D
4　B　E
5　C　E

　行政法における特許とは、本来的自由に属しない特権、ないしは特別の能力を行政庁が私人に付与する行為をいう。
A　誤り。特許法上の特許と行政法学上の特許とは別概念である。特許法上の特許は最新の発明であることの判断を表示するものであり、確認である。
B　正しい。
C　誤り。私人相互の間の法律行為の効果を完成させるために行われる認可である。
D　正しい。
E　誤り。許可である（食品衛生法第52条第1項）。
　正しい組み合わせはBとD。よって正答は3。

正答　3

【No.23】 行政法学上の行政裁量に関する記述として、判例、通説に照らして、妥当なのはどれか。

1　行政行為は、権力的、法的、具体的であり、国民の権利自由との関係で重大な意味を持っているため、行政裁量が問題となるが、行政行為以外の行政契約や行政計画については、問題とならない。
2　行政裁量には、客観的視点から個別事案に相応しい判断がなされることが予定されている羈束裁量と、法令が行政庁の公益判断に委ね、行政庁の責任で妥当な政策的対応を図ることを期待している法規裁量がある。
3　要件裁量は、どの程度の処分が相当かという処分内容の選択の段階と、相当とされた処分を前提として、処分を実際にするかしないかを選択する段階の二つの場面に区別することができる。
4　最高裁判所の判例では、個室付浴場業の開業を阻止することを目的として、その周辺に児童遊園を設置した市の行為とこれを認可した県知事の行為は、児童福祉法の目的と合致し、また、当該児童遊園は児童福祉施設としての基準に適合しているため、裁量権の濫用とはいえないとした。
5　最高裁判所の判例では、信仰上の理由により剣道実技の履修を拒否した公立高等専門学校の学生が、レポート提出などの代替措置を学校側に申し入れたにもかかわらず、学校側が、代替措置を検討せずその申入れを拒否し行った原級留置処分及び退学処分は、裁量権の範囲を超える違法なものであるとした。

1　誤り。行政契約や行政計画においても、行政裁量は問題となりうる。
2　誤り。行政法学上、従前の学説分類によれば、法律の機械的執行としての「羈束（きそく）行為」と「裁量行為」を分け、裁量行為を「法規裁量（羈束裁量）」と「自由裁量（便宜裁量）」に分類する。
3　誤り。この選択肢の内容は、効果裁量の説明である。
4　誤り。裁量権の濫用あり、とした（最高裁判例昭和53年6月16日）。
5　正しい。

正答　5

【No.24】 行政法学上の行政行為の取消しに関する記述として、通説に照らして、妥当なのはどれか。

1 行政行為の取消しとは、その成立時に瑕疵のない行政行為について、その成立後に生じた新しい事情を理由に、その効力を失わしめるためにする行政行為のことである。
2 瑕疵ある行政行為について、処分行政庁の上級行政庁は、相手方からの請求がなくとも、職権によりこれを取り消すことができるが、処分行政庁は、相手方からの請求がある場合に限りこれを取り消すことができる。
3 処分行政庁が瑕疵ある行政行為を取り消すためには、法律による行政の原則から、取消しについて法律による特別の根拠が必要となる。
4 瑕疵ある行政行為の取消しは、違法処分を取り消すことによって得られる法的価値が、その取消しによって失われ、害されるところの法的価値に優位する場合に行うことができる。
5 瑕疵ある行政行為の取消しの効果は、授益的行政行為の取消し原因について相手方に責めがある場合を除き、原則として将来に向かってのみ生じる。

1 誤り。撤回の説明である。
2 誤り。処分行政庁について、請求がある場合との限定はない。
3 誤り。法律による特別の根拠は不要である。
4 正しい。
5 誤り。取り消しの効果は原則として遡及する。

正答 4

【No.25】 行政法学上の法規命令に関するA～Dの記述のうち、妥当なものを選んだ組合せはどれか。

A 政令、省令などの法規命令の制定手続は、行政手続法に定められているが、個別法律の定めるところにより公聴会の手続や審議会などへの諮問の手続をとることもある。

B 法規命令のうちの委任命令は、法律の委任に基づく命令であるが、新たに国民の権利や義務を創設する場合には、国会の立法権を委譲するような包括的な委任も認められる。

C 法規命令のうちの委任命令に罰則を設けるには、法律による具体的・個別的委任が必要であり、犯罪の構成要件の白紙委任は、罪刑法定主義の原則からも許されない。

D 法規命令は、国民の権利義務に関する規範であり、政令、省令などの形式をとるが、法規命令の制定を授権する法律の規定においては、とるべき命令の形式を指定しないのが通例である。

1　A　B
2　A　C
3　A　D
4　B　C
5　B　D

法規命令は、行政立法の中で国民の権利義務にかかわる規範をいう。
A 正しい。
B 誤り。立法権を委譲するような包括的な委任は認められない。個別的授権が必要である。
C 正しい。
D 誤り。一般には、「～規則で定める」という形で命令形式が通例である。
正しい組み合わせはAとC。よって正答は2。

正答　2

【No.２６】 行政法学上の行政計画に関する記述として、妥当なのはどれか。

1　行政計画は、計画の実効性を確保するため、関係行政庁の活動を拘束したり、直接国民の権利を制限したり義務を課したりすることがあるので、その策定においては必ず法律の根拠を要する。

2　行政手続法には、行政計画を民主的に統制する観点から、公聴会の開催や関係行政機関との協議、意見聴取及び策定した計画の公表など、計画策定上のルールが定められている。

3　地方公共団体が定める計画は、地方公共団体の広範な裁量に委ねられており、この裁量は通常の行政行為の場合より裁量の幅が広いので、当該地方公共団体の議会の議決を必ず経なければならない。

4　最高裁判所の判例では、都市再開発法に基づき公告された大阪市の第二種市街地再開発事業計画の決定は、施行地区内の土地の所有者等の法的地位に直接的な影響を及ぼすものであり、抗告訴訟の対象となる行政処分に当たるとした。

5　最高裁判所の判例では、沖縄県宜野座村による工場誘致政策の変更は適法であり、当事者間に形成された信頼関係を破壊するとは言えず、違法性はないので、誘致企業に対する地方公共団体の不法行為責任は生じないとした。

1　誤り。必ずしも法律の根拠は必要ではない。
2　誤り。行政手続法には、かかるルールは定められていない。
3　誤り。必ずしも議決事項とされていない。
4　正しい。
5　誤り。不法行為責任を生じることになる（最判昭56.1.27）。

正答　4

【No.27】 行政法学上の強制執行に関するA～Dの記述のうち、妥当なものを選んだ組合せはどれか。

A 直接強制は、義務者が義務を自ら履行しない場合において、行政機関が義務者の身体又は財産に直接実力を加えて義務が履行されたのと同一の状態を実現する作用をいい、必ず法律の根拠が必要となる。

B 代執行を行うには、義務者にあらかじめ文書で戒告し、義務の履行がないときは、代執行令書をもって一定事項を通知しなければならず、緊急を要する場合でも、代執行令書の通知は省略することができない。

C 公法上の債権の実現に関する一般法である国税徴収法に強制徴収の定めがあり、法律で国税徴収法を準用する場合には、当該債権の徴収は「国税滞納処分の例による」といった明文の規定が必要になる。

D 代執行は、行政上の義務のうち代替的作為義務について、義務者がこれを自ら履行しない場合に、行政機関が義務者に代わって義務を実現し、その費用を義務者から徴収するものである。

1　A　B
2　A．C
3　A　D
4　B　C
5　B　D

A　正しい。
B　誤り。緊急の場合の例外がある。
C　誤り。国税徴収法は、公法上の債権の実現の一般法であるとは言えない。
D　正しい。
　正しい組み合わせはAとD。よって正答は3。

正答　3

【No.28】 行政不服審査法に規定する不服申立てに関する記述として、妥当なのはどれか。
1 行政庁の処分について不服がある者が異議申立てを行う場合は、その処分をした行政庁の直近上級行政庁に対して行う。
2 再審査請求は、処分についての異議申立てに対する決定を経た後にさらに行う不服申立てをいい、法律又は条例に再審査請求をすることができる旨の定めがある場合に行うことができる。
3 審査庁は、証拠調べのために、審査請求人の申立てがなくとも、職権で、書類その他の物件の所持人に対し、その物件の提出を求め、かつ、その提出された物件を留め置くことができる。
4 行政不服審査法は執行不停止を原則とし、処分庁の上級行政庁である審査庁は、審査請求人の申立てによらなければ、処分の執行を停止できない。
5 行政庁の不作為について、当該不作為に係る処分その他の行為を申請した者は、審査請求を行うことができるときは、異議申立てを行うことができない。

1 誤り。行政不服審査法第6条第1号～3号。
2 誤り。同法第8条第1項第2号。
3 正しい。同法第28条。
4 誤り。同法第34条第2項。
5 誤り。同法第7条第1項の本文を参照。

正答 3

【No.29】 行政事件訴訟法に規定する抗告訴訟に関する記述として、妥当なのはどれか。

1 無効等確認の訴えは、処分又は裁決の無効等の確認を求めるにつき法律上の利益を有する者であれば、当該処分若しくは裁決の存否又はその効力の有無を前提とする現在の法律関係に関する訴えによって目的を達することができる場合であっても、提起することができる。

2 不作為の違法確認の訴えは、行政庁が法令に基づく申請に対し、相当の期間内に何らかの処分又は裁決をすべきであるにかかわらず、これをしないことについての違法の確認を求める訴訟をいい、処分又は裁決についての申請をした者に限り、提起することができる。

3 処分の取消しの訴えは、当該処分をした行政庁を被告として、また、裁決の取消しの訴えは、当該裁決をした行政庁を被告として提起しなければならず、当該処分又は裁決をした行政庁が所属する国又は公共団体を被告として提起することはできない。

4 差止めの訴えは、行政庁が一定の処分又は裁決をすべきでないにかかわらずこれがされようとしている場合において、行政庁がその処分又は裁決をしてはならない旨を命ずることを求める訴訟をいい、当該処分又は裁決がされることにより重大な損害を生ずるおそれがない場合でも提起することができる。

5 義務付けの訴えは、行政庁が処分をすべき旨を命ずることを求める訴訟をいい、行政庁に対し一定の処分を求める法令に基づく申請に対して、当該行政庁がその処分をすべきであるにかかわらず、これがされないときに限って提起することができる。

1 誤り。行政訴訟法第36条。
2 正しい。同法第37条。
3 誤り。同法第11条。
4 誤り。同法第37条の4。
5 誤り。同法第37条の2及び同法第37条の3。

正答 2

【No.30】 行政法学上の行政罰に関する記述として、妥当なのはどれか。
1 行政罰には行政刑罰と行政上の秩序罰の二種類があり、行政刑罰には、懲役、禁錮、罰金、拘留、過料がある。
2 行政刑罰においては、違反行為者だけでなく、その使用者や事業主をも処罰するという両罰規定を設けられないことが、その特徴となっている。
3 行政刑罰は、反社会的・反道徳的行為に対して科せられた刑事罰とは異なり、行政法令や行政行為により課された義務の違反に対して科せられた処罰なので、刑事訴訟法の適用は一切ない。
4 秩序罰は、義務の不履行に対して一定の期限を切り、それまでに義務を履行しないときは、一定額の過料を科すことを通告して間接的に義務の履行を確保する制度で、現実に履行がされるまで何度でも科すことができる。
5 地方公共団体の条例違反に対して科される過料は、地方公共団体の長があらかじめ相手方に被疑事実を告知し弁明の機会を与えた上でこれを科し、指定期限がきても未納の場合には、地方税の滞納処分の例により強制徴収される。

1 誤り。過料は行政罰のうち、秩序罰に位置付けられる。
2 誤り。両罰規定を設けられる。
3 誤り。行政刑罰には、刑事訴訟法が適用される。
4 誤り。秩序罰とは、行政上の秩序に障害を与える危険がある義務違反に対して科される金銭的制裁である。
5 正しい。

正答 5

【No.31】 国家賠償法に関する記述として、判例、通説に照らして、妥当なのはどれか。

1 国家賠償法に基づく損害賠償請求は、行政事件訴訟の手続ではなく、民事訴訟の手続により行われる。
2 公務員が、客観的に見て職務の外形を備えている行為によって他人に損害を加えた場合には、当該公務員の故意又は過失の有無に関係なく、国又は公共団体は、賠償責任を負う。
3 日本国憲法の基本的人権は外国人にも保障されるので、公務員の不法行為による被害者が外国人であるときは、いかなる場合でも国家賠償法の規定は適用される。
4 最高裁判所の判例では、身体障害者のための在宅投票制度を廃止し、これを復活しなかった国会議員の立法行為は、国家賠償法上の違法行為であるとした。
5 最高裁判所の判例では、書留郵便物について、郵便業務従事者の故意又は重大な過失により損害が生じた場合に、不法行為に基づく国の損害賠償責任を免除し又は制限している郵便法の規定は、憲法に違反しないとした。

1 正しい。
2 誤り。公務員の故意又は過失も要件である。
3 誤り。国家賠償法第6条の「相互保証主義」を参照。
4 誤り。容易に想定し難いような例外的な場合でない限り、違法の評価を受けない（最判昭60.11.21）。
5 誤り。違憲無効である（最判平14.9.11）。

正答 1

【No.32】 損失補償に関するA～Dの記述のうち、最高裁判所の判例に照らして、妥当なものを選んだ組合せはどれか。

A 鉱業権設定後に公立中学校が建設されたため鉱業権が侵害されたとして鉱業権者が損失補償を請求した事件では、公共の用に供する施設の地表地下の一定範囲の場所において鉱物を掘採する際の鉱業法による制限は、一般的に当然受忍すべきものとされる制限の範囲をこえ、特定人に対し特別の犠牲を課したものであるため、憲法を根拠として損失補償を請求することができるとした。

B 福原輪中堤の文化財的価値の補償が求められた事件では、江戸時代初期から水害より村落共同体を守ってきた輪中堤は歴史的、社会的、学術的価値を内包しているが、それ以上に本件堤防の不動産としての市場価格を形成する要素となり得る価値を有するわけではなく、かかる価値は補償の対象となり得ないというべきであるとした。

C 都有行政財産である土地について、建物所有を目的とし期間の定めなくされた使用許可が、内在する制約により、当該行政財産本来の用途又は目的上の必要に基づき将来に向かって取り消されたときは、使用許可に当たって支払った対価を当該行政財産の使用収益により償却していたとしても、使用権者は取消しによる使用権喪失についての補償を求めることができるとした。

D 戦後の農地改革を規律する自作農創設特別措置法に基づく農地買収事件では、憲法にいうところの財産権を公共の用に供する場合の正当な補償とは、その当時の経済状態において成立することを考えられる価格に基づき、合理的に算出された相当な額をいうのであって、必ずしも常にかかる価格と完全に一致することを要するものではないとした。

1 A B
2 A C
3 A D
4 B C
5 B D

A 誤り。補償を請求できない（最判昭57.2.5）。
B 正しい。（最判昭63.1.21）。
C 誤り。補償を請求できない（最判昭49.2.5）。
D 正しい。（最判昭28.12.23）。
　正しい組み合わせはBとD。よって正答は5。

正答 5

【No.33】 行政法学上の行政庁の権限の委任に関するA～Dの記述のうち、妥当なものを選んだ組合せはどれか。

A 権限の委任は、法律上定められた行政庁の権限を他の行政機関に移動させるものであるから、必ず法律の根拠を要する。

B 行政法上の委任は、民法上の委任とは異なり、委任により権限が委任機関から受任機関に移動するため、代理権の付与を伴う。

C 権限の委任が上級機関から下級機関に対して行われたときは、権限が移動するが、上級機関としての指揮監督権は残る。

D 権限の委任は、自己に与えられた権限の全部を他の機関に委任して行わせることをいい、権限の一部を委任することは許されない。

1　A　B
2　A　C
3　A　D
4　B　C
5　B　D

A　正しい。
B　誤り。法律の授権が必要と考えられている。
C　正しい。
D　誤り。一部の委任である。
　正しい組み合わせはAとC。よって正答は2。

正答　2

【No.34】 行政法学上の警察に関する記述として、妥当なのはどれか。
1 警察許可は、警察法規による絶対的禁止を特定の場合に特定の人に解除し、許可を受けた者に特別の権利や能力を設定する行政行為で、行政庁の裁量の幅が広く認められている。
2 警察公共の原則として、私住所に立ち入って警察権を発動すべきではないとする私生活不可侵の原則があり、劇場、飲食店、旅館、駅舎その他一般公衆が来集する場所は、公開の時間帯も含めて私住所とみなされ、警察権発動の対象とならない。
3 警察消極目的の原則は、民事上の紛争は私法上の法律関係であるので、公共の安全と秩序に関する場合でも警察が干渉すべきではなく、当事者の請求に基づき司法権により解決されるべきであるとする原則である。
4 警察比例の原則は、警察権を発動する条件とその態様は、公共の安全と秩序の維持に対する障害を除去するのに必要な最小限度においてのみ認められ、除去されるべき障害に比し必要な限度を超えて発動してはならないとする原則である。
5 警察責任の原則とは、警察権は、公共の安全と秩序に関する侵害に対し、直接、その障害を除去するという消極目的のためにのみ発動することができ、その目的を超えて積極的に発動する場合は違法となり、警察が責任を負わなければならないとする原則である。

1 誤り。特別の権利や能力を設定する行政行為であり、選択肢の記述中にある「行政庁の裁量の幅が広く」との説明は、特許概念の説明である。
2 誤り。対象となる。
3 誤り。公共の安全と秩序を維持する場面に限定する原則である。
4 正しい。
5 誤り。選択肢の記述内容は、警察消極目的の原則についての説明である。

正答 4

【No.３５】 行政法学上の仮の救済に関する記述として、妥当なのはどれか。

1 執行停止が認められるためには、取消訴訟や無効等確認訴訟が適法に提起され係属していなければならず、取消訴訟や無効等確認訴訟から独立して申し立てることはできない。

2 裁判所は、処分の執行又は手続の続行の停止によって目的を達成することができる場合でも、処分の効力の停止をすることができる。

3 行政処分に対する取消訴訟における仮の救済方法として、執行停止と民事保全法に規定する仮処分がある。

4 内閣総理大臣は、執行停止の申立てがあった場合には、理由を付して裁判所に異議を述べることができるが、執行停止の決定があった後では、異議を述べることができない。

5 内閣総理大臣は、執行停止の申立てに対して異議を述べる場合には、理由を付さなければならず、裁判所は、その内容上の当否について実質的に審査し、執行停止の決定をすることができる。

1 正しい。行政訴訟法第25条第１項の本文。
2 誤り。同法第25条第１項のただし書。
3 誤り。同法第44条。
4 誤り。同法第27条。
5 誤り。裁判所は理由の当否について、判断権を有しない（東京地判昭44.9.26）。

正答　1

【No.36】 行政機関の保有する個人情報の保護に関する法律に関する記述として、妥当なのはどれか。

1 この法律において行政機関とは、内閣府、宮内庁並びに内閣府設置法、国家行政組織法及び宮内庁法に定める機関、その他内閣の所轄の下に置かれる機関をいい、内閣に対し独立の地位を有する機関である会計検査院は含まれない。

2 行政機関は、本人から直接書面に記録された当該本人の個人情報を取得するときは、あらかじめ本人に対して、その利用目的を明示しなければならないが、緊急に必要があるとき、又は利用目的が明らかであると認められるときに限り、明示する必要はない。

3 この法律において個人情報とは、生存する個人に関する情報であって、当該情報に含まれる氏名、生年月日その他の記述等により特定の個人を識別できるものをいい、他の情報と照合することができ、それにより特定の個人を識別することができることとなるものも含まれる。

4 行政機関の長は、本人の同意があるとき、又は本人に提供するときを除き、当該行政機関の保有する個人情報を利用目的以外の目的のために自ら利用し、又は提供してはならない。

5 開示決定、訂正決定又は利用停止決定について、行政不服審査法による不服申立てがあったときは、当該不服申立てに対する裁決又は決定をすべき行政機関の長は、必ず情報公開・個人情報保護審査会に諮問しなければならない。

1 行政訴訟法第2条第1項第6号。
2 誤り。同法第4条第2号及び同第3号
3 正しい。同法第2条第2項。
4 誤り。同法第8条第2号～第4号。
5 誤り。同法第42条第1号～第4号。

正答 3

【No.37】 地方公会計制度において、総務省から示された基準モデル又は総務省方式改訂モデルの財務書類4表に関する記述として、妥当なのはどれか。

1 貸借対照表は、一会計期間における資産形成を伴わない経常的な行政活動に伴う純経常費用を表す財務書類である。
2 行政コスト計算書は、一会計期間において資産から負債を差し引いた純資産がどのように増減したかを明らかにする財務書類である。
3 資金収支計算書は、一会計期間における地方公共団体の行政活動に伴う現金等の資金の流れを、性質の異なる三つの活動に分けて表示した財務書類である。
4 基準モデルは、各団体のこれまでの取組みや作成事務の負荷を考慮し、固定資産台帳や個々の複式記帳によらず、既存の決算統計情報を活用して財務書類4表を作成するものである。
5 総務省方式改訂モデルでは、地方公共団体単体だけで財務書類4表を作成することとされており、地方公共団体が加入している一部事務組合や広域連合などを含む連結財務書類4表は、基準モデルだけで作成することとされている。

1 誤り。選択肢の説明内容は、行政コスト計算書についてである。
2 誤り。選択肢の説明内容は、純資産変動計算書についてである。
3 正しい。
4 誤り。選択肢の説明内容は、基準モデルではなく、改訂モデルで新たに認められた方式である。
5 誤り。地方公共団体と一定の資本関係、業務関係のある地方独立行政法人、地方3公社、第三セクターの財務会計も連結対象となる。

正答 3

【No.３８】 次の表は、地方税法に基づく地方税の分類を表したものであるが、表中の空所Ａ～Ｄに該当する語の組合せとして、妥当なのはどれか。

道府県税	普通税	道府県民税　　A　　地方消費税 不動産取得税　道府県たばこ税　自動車取得税 　　B　　ゴルフ場利用税　自動車税 鉱区税
	目的税	狩猟税　水利地益税
市町村税	普通税	市町村民税　固定資産税　軽自動車税 市町村たばこ税　鉱産税　　C
	目的税	D　　水利地益税　共同施設税 宅地開発税　国民健康保険税　入湯税 事業所税

	A	B	C	D
1	特別土地保有税	都市計画税	事業税	軽油引取税
2	特別土地保有税	都市計画税	軽油引取税	事業税
3	事業税	都市計画税	特別土地保有税	軽油引取税
4	特別土地保有税	軽油引取税	事業税	都市計画税
5	事業税	軽油引取税	特別土地保有税	都市計画税

空欄Ａで、土地保有税が市町村税であることが分かれば、選択肢３と５に絞り込める。
３と５の違いは、空欄ＢとＤの、都市計画税と軽油引取税の位置。「都道府県税か市町村税か」あるいは「普通税か目的税か」の違いを判断すれば、正しい組み合わせは５と導ける。

正答　５

【No.39】 財政政策又は金融政策についての考え方に関する記述として、妥当なのはどれか。

1　サプライサイド経済学は、市場の失敗よりも政府の失敗を重視し、政府の経済政策では、長期的には自然失業率を超えて雇用を増大させることはできず、政府は市場メカニズムを信頼するべきだと主張した。

2　ケインズ主義は、民間経済主体は政府がどのような行動をとるか予想し、その効果を織り込んだ物価上昇率を予想して行動するので、政府の財政金融政策がなされても、短期的にも長期的にも雇用水準は変化しないと主張した。

3　合理的期待形成学派は、人々の労働意欲や企業の投資意欲を阻害する要因が財政構造に存在すると考え、経済を供給面から刺激するために、累進課税の緩和や減税によって阻害要因を除去すべきだと主張した。

4　公共選択学派は、議会制民主主義の下では、政治家は有権者に人気のある不況期の財政赤字政策は実施しても、好況期の財政黒字政策は容易に実施できず、結局、財政赤字が体質化するとして、均衡財政主義の確立を主張した。

5　マネタリストは、資本主義経済においては過剰設備や失業が常態であり、市場メカニズムではそれらは解消されず、解消のためには、公共事業による財政支出の拡大や社会保障支出によって総需要を拡大する必要があると主張した。

1　誤り。市場により、自然失業率を超えた雇用の増大が可能であると考える。
2　誤り。政府の財政金融政策や公共事業投資が雇用水準の変化に大きく影響するとする考え方である。
3　誤り。合理的期待形成学派は、情報構造を重視し、伝統的な不況対策としての減税などには懐疑的な立場をとる。
4　正しい。
5　誤り。マネタリストは、改善策として公共投資ではなく、貨幣供給量（マネーサプライ）の統制を重視する。

正答　4

【No.40】 地方財政計画に関する記述として、妥当なのはどれか。

1 地方財政計画は、翌年度の地方団体の歳入歳出総額の見込みであり、内閣は、毎年度地方財政計画を作成し、国会に提出するとともに、一般に公表しなければならない。
2 地方財政計画は、作成の過程において収支に構造的な不足が生ずる見通しが明らかな場合には、何らかの制度的な財源措置を講じ、税収入の実績が計画上の見積りと大きくかけ離れた場合には、翌年度にその精算を行う。
3 地方財政計画は、地方団体における財政活動の規模を歳入歳出の両面からとらえ、地方団体の営むすべての財政活動の分野を対象とするものであり、普通会計のほかに国民健康保険会計、公営企業会計なども含まれる。
4 地方財政計画は、地方財政のマクロ的な見通しであり、歳出、歳入額は標準的な水準をベースに算定し、地方団体の実際の収入、支出を見込むため、地方団体の財政活動の実績である決算とは金額の面での隔たりはない。
5 地方財政計画の法律的な根拠は地方財政法であり、地方財政の運営上果たしている役割は、地方財源の保障、地方団体の財政運営の指針及び国の施策との整合性の確保の三つである。

1 正しい。
2 誤り。精算を翌年度か翌々年度以降、後年度に繰り延べることができる。例えば08年度決算の不足額は、10年度に精算せず、12年度以降に繰り延べられた。
3 誤り。国保会計、公営企業会計は含まない。歳入・歳出でも、超過課税、法定外普通税、法定外目的税、国家公務員給与水準超の支給給与などは含まない。
4 誤り。あくまで標準的な財政計画であり、各自治体の財政状況や各時期の税収動向などの影響から決算と乖離する場合もある。
5 誤り。地方財政計画の根拠法は地方交付税法第7条で、目的には地方債資金の確保もある。

正答 1

§3 平成24年度

択一式問題　Ⅰ類事務・技術

地方自治制度

　出題数は14問で、内容としては、普通地方公共団体の通則、条例・規則から各１問、議会、執行機関から各４問、財務関連で２問、公の施設、国または都道府県の関与から各１問となっている。
　出題は、設問のほとんどが条文や行政実例がそのまま出ていることから、全体的に23年度試験よりオーソドックスな問題となっており、条文の正確な理解が得点のポイントになる。

地方公務員制度

　例年と同様、設問数は６問だった。今回も23年度に引き続き、参考書、問題集に出ているような基本的な設問が多く、基礎を押さえる事前学習を行っていれば、十分解答できる内容となっている。なお、近年は続けて出題されていた総則・人事機関に関する問題は、出題されなかった。

行政法

　出題数は従来と同様16問で最も出題が多い分野だった。比較的オーソドックスな内容だったが、条文、行政実例などの細かな内容を問う設問も見受けられ、これらの正確な理解が高得点に結びついたのではないかと推測される。

財政学・地方財政制度

　例年と同様、設問数は４問だった。内容的には、地方財政・税等に関する基本的な設問であり、昨年まで出題されていた財政理論の問題はなかった。
　なお、今回は地方財政白書からの設問があったが、地方財政について大きな枠組みでの理解があれば解答できたと思われる。

24年度　Ⅰ類択一式問題の正答

分野	問題	正答	出題内容
地方自治制度	No.1	1	市町村の区域
	No.2	2	条例の制定又は改廃の請求
	No.3	2	議会の調査権
	No.4	5	議会の議長又は副議長
	No.5	3	請願
	No.6	4	議会の紀律
	No.7	5	長の権限
	No.8	2	会計管理者
	No.9	4	地域自治区
	No.10	4	監査委員
	No.11	5	決算
	No.12	1	基金
	No.13	5	公の施設
	No.14	5	国又は都道府県の関与
地方公務員制度	No.15	1	条件附採用又は臨時的任用
	No.16	3	給与、勤務時間その他の勤務条件
	No.17	1	懲戒処分
	No.18	3	職務専念義務
	No.19	1	不利益処分に関する不服申立て
	No.20	3	職員団体
行政法	No.21	1	行政法の法源
	No.22	3	行政行為の効力
	No.23	2	行政行為の附款
	No.24	1	行政行為の撤回
	No.25	3	通達
	No.26	3	行政契約
	No.27	3	行政強制
	No.28	1	不利益処分
	No.29	4	行政訴訟
	No.30	2	取消訴訟
	No.31	4	審査請求の審理手続
	No.32	4	代執行
	No.33	5	損失補償
	No.34	2	公の営造物の設置又は管理の瑕疵に基づく損害賠償責任
	No.35	5	公物
	No.36	4	情報の公開に関する法律（情報公開法）
財政学・地方財政制度	No.37	5	古典的予算原則
	No.38	1	地方税の原則
	No.39	4	「平成24年版地方財政白書（平成22年度決算）」の内容
	No.40	3	地方財政の分析指標

（注）No.1～20は事務・技術共通問題、No.21～40は事務専門問題

【No. 1】 地方自治法に規定する市町村の区域に関する記述として、妥当なのはどれか。

1 市町村の区域内にあらたに土地を生じたときは、市町村長は、当該市町村の議会の議決を経てその旨を確認し、都道府県知事に届け出なければならない。
2 都道府県の境界にわたらない市町村の境界変更は、関係市町村の申請に基づき、都道府県知事が当該都道府県の議会の議決を経てこれを定めれば足り、その旨を総務大臣に届け出ることを要しない。
3 都道府県の境界にわたる市町村の設置を伴う市町村の廃置分合は、関係市町村の申請に基づき、都道府県知事が、あらかじめ総務大臣に協議し、その同意を得たうえで、当該都道府県の議会の議決を経てこれを定める。
4 市町村の境界が不明確な場合、その境界に関し争論がないときは、都道府県知事は、関係市町村の意見を聴いて、直ちにこれを決定する義務を負う。
5 市町村の境界変更又は廃置分合の申請につき、都道府県議会がその区域の一部を修正して議決し、又は当該都道府県知事が申請内容を一部修正して提案することはできる。

1 正しい（地方自治法第9条の5第12項）。
2 誤り。届け出なければならない（地自法第7条第1項）。
3 誤り。総務大臣が定める（地自法第7条第3項）。
4 誤り。決定することができる（地自法第9条の2第1項）。
5 誤り。提案することはできない（行政実例25.2.1）。

正答 1

【No. 2】 地方自治法に規定する条例の制定又は改廃の請求に関する記述として、妥当なのはどれか。

1 普通地方公共団体の議会の議員及び長の選挙権を有する者は、条例の制定又は改廃の請求をすることができるが、地方税及び国民健康保険料の賦課徴収に関する条例並びに分担金の徴収に関する条例については、直接請求の対象から除外されており、その制定又は改廃の請求をすることができない。

2 普通地方公共団体の議会の議員及び長の選挙権を有する者が、条例の制定又は改廃の請求をする場合において、当該地方公共団体の区域内で地方公共団体の議会の議員の選挙が行われることとなるときは、政令で定める期間、当該選挙が行われる区域内においては請求のための署名を求めることができない。

3 普通地方公共団体の長は、当該普通地方公共団体の議会の議員及び長の選挙権を有する者の連署をもって、その代表者から、条例の制定又は改廃の請求を受理したときは、議会に付議しなければならないが、その際に意見を附することはできない。

4 普通地方公共団体の議会の議員及び長の選挙権を有する者は、身体の故障により条例の制定又は改廃の請求者の署名簿に署名することができないときは、当該条例の制定又は改廃の請求者の代表者に委任して、自己の氏名を当該署名簿に記載させることができる。

5 普通地方公共団体の議会が条例の制定の直接請求に基づき付議された条例案を閉会中の継続審査中、その議員の任期が満了した場合には、当該条例案は審議未了として廃案となるので、当該直接請求の代表者は、当該普通地方公共団体の長に対し、あらためて条例の制定を請求しなければならない。

1 誤り。国民健康保険料の賦課徴収に関する条例は直接請求の対象である（行実昭41.5.28）。
2 正しい（地自法第74条第7項）。
3 誤り。意見を付けて付議する（地自法第74条第3項）。
4 誤り。請求者の代表者には委任できない（地自法第74条第8項）。
5 誤り。長は次の議会において再び付議すべきである（行実昭38.3.8）。

正答 2

【No. 3】 地方自治法第100条に規定する普通地方公共団体の議会の調査権に関する記述として、妥当なのはどれか。

1 普通地方公共団体の長は、当該普通地方公共団体の議会から調査のために要する経費に充てるための補正予算案の提出を求められた場合、当該補正予算案を当該普通地方公共団体の議会に提出する法律上の義務を負う。
2 普通地方公共団体は、条例の定めるところにより、その議会の議員の調査研究に資するため必要な経費の一部として、その議会における会派又は議員に対し、政務調査費を交付することができ、この場合において、当該政務調査費の交付の対象、額及び交付の方法は、条例で定めなければならない。
3 普通地方公共団体の議会は、当該普通地方公共団体の事務に関する調査を行うに当たって、実地調査を行う場合には、当該普通地方公共団体の監査委員に行わせなければならない。
4 普通地方公共団体の議会は、当該普通地方公共団体の事務であれば、自治事務、法定受託事務のいずれにかかわらず、全ての事務について調査を行い、選挙人その他の関係人の出頭及び証言並びに記録の提出を請求することができる。
5 普通地方公共団体の議会の特別委員会が、その付託された当該普通地方公共団体の事務に関する調査につき、選挙人その他の関係人の出頭、証言又は記録の提出を請求するには、議案付託の議決に際して、これらの権限を委任する旨の議決を経る必要はない。

1 誤り。法律上の義務はない（行実昭34.6.23）。
2 正しい（地自法第100条第14項）。
3 誤り。法第100条の調査権には監査委員による実地調査は含まれない（行実昭26.10.10）。
4 誤り。全ての事務ではない（地自法第100条第1項）。
5 誤り。議会の議決を経なければならない（行実昭23.10.6）。

正答 2

【No. 4】 地方自治法に規定する普通地方公共団体の議会の議長又は副議長に関する記述として、妥当なのはどれか。

1 普通地方公共団体の議会の議長は、委員会に出席することができるが、議長として議事を整理する立場でしか発言することができず、議事の内容に立ち入って質疑し、意見を陳述することはできない。

2 普通地方公共団体の議会又は議長の処分又は裁決に係る普通地方公共団体を被告とする訴訟については、当該普通地方公共団体の議会の議長ではなく、当該普通地方公共団体の長が、当該普通地方公共団体を代表する。

3 普通地方公共団体の議会の議長及び副議長がともに欠けたときは、臨時に仮議長を選挙し、仮議長により議事を運営する。

4 普通地方公共団体の議会の議長及び副議長にともに事故があるときは、年長の議員が仮議長として議会を代表する。

5 普通地方公共団体の議会の副議長は、議会の開会中においては議会の許可を得て辞職することができ、議会の閉会中においては議長の許可を得て辞職することができる。

1 誤り。意見を陳述することができる（行実昭27.6.21）。
2 誤り。議会の議長が代表する（地自法第105条の2）。
3 誤り。後任者を選挙すべきである（行実昭25.6.26）。
4 誤り。仮議長を選挙する（地自法第106条第2項）。
5 正しい（地自法第108条）。

正答 5

【No. 5】 地方自治法に規定する請願に関する記述として、妥当なのはどれか。

1　普通地方公共団体の議会に請願しようとする者は、自然人たると法人たるとを問わず、また、日本人たると外国人たるとを問わないが、当該普通地方公共団体の住民に限られる。

2　普通地方公共団体の議会の議長は、法定の形式を具備している請願であっても、明らかに当該普通地方公共団体の事務に関する事項でないと認められるものについては、受理を拒むことができる。

3　普通地方公共団体の議会は、その採択した請願で当該普通地方公共団体の選挙管理委員会において措置することが適当と認めるものは、選挙管理委員会に送付し、かつ、その請願の処理の経過及び結果の報告を請求することができる。

4　2人以上の紹介議員による請願書が普通地方公共団体の議会で受理された後、その中の一部議員が紹介を取り消す場合には、当該普通地方公共団体の議会の同意を必要としない。

5　普通地方公共団体の議会の議長に対して所定の様式が整っている請願が提出された場合、当該議長は、議会開会中であればその請願を受理することができるが、議会閉会中は受理することができない。

1　誤り。当該普通公共団体の住民に限らない（行実昭25.3.16）。
2　誤り。受理を拒むことはできない（行実昭25.12.27）。
3　正しい。（地自法第125条）。
4　誤り。議会の同意を要する（行実昭47.7.26）。
5　誤り。議会閉会中も受理できる（行実昭48.9.25）。

正答　3

【No. 6】 地方自治法に規定する普通地方公共団体の議会の紀律に関するA～Dの記述のうち、妥当なものを選んだ組合せはどれか。

A 普通地方公共団体の議会の会議中、議場の秩序を乱す議員があるときは、議長は、これを制止し、その命令に従わないときは、その日の会議の終わるまで発言を禁止することができ、議長から発言を禁止された議員は、その日の表決や投票に加わることはできない。

B 傍聴人が会議を妨害するときは、普通地方公共団体の議会の議長は、これを制止し、その命令に従わないときは、これを退場させることができ、傍聴席が騒がしいときは、すべての傍聴人を退場させることができる。

C 普通地方公共団体の議会の会議中、議場が騒然として議長が整理することが困難な場合は、議員中に閉議に異議がある者があっても、議長は職権で閉議することができる。

D 普通地方公共団体の議会の会議又は委員会において、侮辱を受けた議員は、これを議会に訴えて処分を求めることができるが、この場合、議員の定数の8分の1以上の者の発議によらなければならない。

1　A　B
2　A　C
3　A　D
4　B　C
5　B　D

A　誤り。表決や投票に加わることができる（行実）。
B　正しい（地自法第130条第1項、第2項）。
C　正しい（最高裁判所判例昭33.2.4）。
D　誤り。地自法第135条第2項の規定の適用はない（行実昭31.9.28）。
　以上より正しい組み合わせは4。

正答　4

【No. 7】 地方自治法に規定する普通地方公共団体の長の権限に関する記述として、妥当なのはどれか。

1 普通地方公共団体の長は、学校その他の教育機関の用に供する財産を取得する権限を有するが、当該財産を管理する権限及び処分する権限は、当該普通地方公共団体の教育委員会が有し、長はそれらの権限を有しない。
2 普通地方公共団体の長は、その補助機関である職員を指揮監督することができるが、その職員には、当該普通地方公共団体の長から独立の執行権をもつ委員会又は委員の補助職員も含まれる。
3 普通地方公共団体の長は、当該普通地方公共団体の議会の議決を経べき事件についての議案の提出権を有しており、当該普通地方公共団体の公益に関する事件について、当該普通地方公共団体の議会から国会又は関係行政庁への意見書を提出する旨の議案を、議会へ提出することが認められている。
4 普通地方公共団体の長は、その管理に属する行政庁の処分が法令、条例又は規則に違反すると認めるときは、必ずその処分を取り消し、又は停止しなければならない。
5 普通地方公共団体の長は、当該普通地方公共団体を統轄し、これを代表すると定められており、この統轄とは、当該普通地方公共団体の事務の全般について、当該普通地方公共団体の長が総合的統一を確保する権限を有することを意味する。

1 誤り。処分する権限は長が有する（地方教育行政法第24条第2項）。
2 誤り。委員会または委員の補助職員は含まれない（地自法第193条、同第201条ほか）。
3 誤り。地自法第99条の規定に係る事項は発案すべきでない（行実）。
4 誤り。処分を取り消し、または停止することができる（地自法第154条の2）。
5 正しい（行実昭22.8.8）。

正答 5

【No. 8】 地方自治法に規定する会計管理者に関する記述として、妥当なのはどれか。

1 会計管理者は、普通地方公共団体の長の補助機関である職員のうちから、普通地方公共団体の長が、議会の同意を得て、これを選任する。
2 普通地方公共団体の長、副知事若しくは副市町村長又は監査委員と親子、夫婦又は兄弟姉妹の関係にある者は、会計管理者となることができない。
3 会計管理者の任期は、副知事及び副市町村長の任期と同様に、4年と定められている。
4 会計管理者は、現金及び物品の出納及び保管を行うこと、決算を調製し監査委員の審査に付すこと、会計を監督することなどの会計事務をつかさどる。
5 普通地方公共団体には、会計管理者を一人置くこととなっているが、町村に限り、町村長又は副町村長が会計管理者の事務を兼掌することができる。

1 誤り。長が命ずる（地自法第168条第2項）。
2 正しい（地自法第169条第1項）。
3 誤り。一般職であるから任期は定められていない（地自法第168条第2項）。
4 誤り。決算を監査委員の審査に付すことと会計の監督は長が行う（地自法第233条第2項、同法第149条第5号）。
5 誤り。兼掌することはできない（地自法第141条第2項、同法第166条第2項）。

正答　2

【No. 9】 地方自治法に規定する地域自治区に関する記述として、妥当なのはどれか。

1　地域自治区に置く地域協議会の構成員は、地域自治区の区域内に住所を有する者のうちから、市町村長が、地域自治区内における多様な意見が適切に反映されるものとなるよう配慮しながら、議会の同意を得て、これを選任する。
2　地方自治法は、普通地方公共団体の審議会及び調査会等の委員その他の構成員に対し報酬を支給しなければならないと定めているため、普通地方公共団体は、地域自治区に置く地域協議会の構成員に、必ず報酬を支給しなければならない。
3　地域自治区に置く地域協議会は、地域自治区の事務所が所掌する事務に関する事項のうち、市町村長により諮問されたものについて審議し、市町村長に意見を述べることができるが、その他の市町村の機関により諮問されたものについて審議することはできない。
4　市町村は、条例でその区域を分けて定める区域ごとに地域自治区を設けることができ、当該地域自治区の事務所の長は、当該普通地方公共団体の長の補助機関である職員をもって充てる。
5　市町村長は、条例で定める市町村の施策に関する重要事項であって地域自治区の区域に係るものを決定し、又は変更しようとする場合においては、あらかじめ、地域協議会の同意を得なければならない。

1　誤り。議会の同意は要しない（地自法第202条の5第2項）。
2　誤り。支給しないこととすることができる（地自法第202条の5第5項）。
3　誤り。審議することができる（地自法第202条の7第1項）。
4　正しい（地自法第202条の4第1項、第3項）。
5　誤り。地域協議会の意見を聴かなければならない（地自法第202条の7第2項）。

正答　4

【No.１０】 地方自治法に規定する普通地方公共団体の監査委員に関する記述として、妥当なのはどれか。

1 普通地方公共団体の長が監査委員を罷免しようとする場合は、当該普通地方公共団体の議会の同意が必要であり、監査委員が自ら退職しようとする場合にも、議会の同意を必要とする。
2 識見を有する者のうちから選任される監査委員のうち、都道府県にあっては、２人以上は常勤としなければならず、市町村にあっては、１人以上は常勤としなければならない。
3 監査委員は、各委員が権限を行使する独任制の行政機関であるため、監査の結果に関する報告の決定は、合議による必要がない。
4 代表監査委員又は監査委員の処分又は裁決に係る普通地方公共団体を被告とする訴訟については、代表監査委員が当該普通地方公共団体を代表する。
5 監査委員は、普通地方公共団体の財務に関する事務の執行を監査するので、当該普通地方公共団体の会計管理者と親子、夫婦又は兄弟姉妹の関係が生じたときは、その職を失う。

1 誤り。議会の同意ではなく長の承認が必要である（地自法第198条）。
2 誤り。都道府県及び政令で定める市にあっては、１人以上を常勤としなければならない（地自法第196条第５項）。
3 誤り。合議により決定する（地自法第199条第11項）。
4 正しい（地自法第199条の３第３項）。
5 誤り。職を失うのは会計管理者である（地自法第169条第２項）。

正答　4

【No.11】 地方自治法に規定する普通地方公共団体の決算に関するA～Dの記述のうち、妥当なものを選んだ組合せはどれか。

A　市町村長は、議会において支出が不当として決算を認定しない場合、当該決算の要領を住民に公表することができない。

B　決算報告を議会の認定に付しその議決を経た後、当該決算内容に誤りがあり、その結果決算金額に異動を生ずる場合、市町村長は、決算報告の内容を修正した上、再び議会の認定に付することができる。

C　市町村長が決算の議案を翌年度の通常予算を審議する当該市町村の議会に同時に提出することは、違法である。

D　各会計年度において決算上剰余金を生じたときは、条例の定めるところにより、又は普通地方公共団体の議会の議決により、剰余金の全部又は一部を翌年度に繰り越さないで基金に編入することができる。

1　A　B
2　A　C
3　A　D
4　B　C
5　B　D

A　誤り。住民に公表すべきである（行実）。
B　正しい（行実昭28.7.7）。
C　誤り。違法ではない（行実昭29.3.9）。
D　正しい（地自法第233条の2）。
　以上より、正しい組み合わせは5。

正答　5

【No.１２】 地方自治法に規定する基金に関する記述として、妥当なのはどれか。

1　基金の管理権者は普通地方公共団体の長であるが、基金に属する現金及び有価証券の出納及び保管は、会計管理者の権限である。
2　基金の管理及び処分に関し必要な事項は、規則でこれを定めなければならない。
3　基金管理規則で基金の運用益は基金に編入すると規定した場合、基金の運用から生ずる収益は、歳入歳出予算に計上しなくても、基金に編入することができる。
4　特定の目的のために財産を取得し、又は資金を積み立てるための基金を設けた場合においては、当該目的以外のためにこの全部を処分することはできないが、この一部については処分することができる。
5　特定の目的のために財産を維持し、資金を積み立てるための基金を設けた場合においては、会計管理者は、毎会計年度、その運用の状況を示す書類を作成し、これを監査委員の審査に付さなければならない。

1　正しい（地自法第170条第２項第１号、第３号）。
2　誤り。条例で定めなければならない（地自法第241条第８項）。
3　誤り。歳入歳出予算に計上しなければならない（地自法第241条第４項）。
4　誤り。一部についても処分することはできない（地自法第241条第３項）。
5　誤り。監査委員の審査に付すのは、定額の資金を運用するための基金である（地自法第241条第５項）。

正答　1

【No.13】 地方自治法に規定する公の施設に関する記述として、妥当なのはどれか。

1 普通地方公共団体は、公の施設の設置の目的を効果的に達成するため必要があると認めるときは、条例の定めるところにより、法人、その他の団体又は個人に、指定管理者として当該公の施設の管理を行わせることができる。
2 普通地方公共団体の委員会がした公の施設を利用する権利に関する処分に不服がある者が、審査請求をする場合は、当該普通地方公共団体の長ではなく、都道府県知事に審査請求をしなければならない。
3 普通地方公共団体は、当該普通地方公共団体が設置する公の施設の管理を指定管理者に行わせる場合、指定管理者の指定の手続及び指定管理者が行う管理の基準については条例で、業務の範囲その他必要な事項については規則で定めなければならない。
4 普通地方公共団体は、その区域外において、関係普通地方公共団体との協議により、公の施設を設けることができるが、当該関係普通地方公共団体との協議により、その区域外にある当該普通地方公共団体の公の施設を、当該関係普通地方公共団体の住民に利用させることはできない。
5 普通地方公共団体は、条例で定める重要な公の施設のうち条例で定める特に重要なものについて、条例で定める長期かつ独占的な利用をさせようとするときは、議会において出席議員の3分の2以上の者の同意を得なければならない。

1 誤り。個人は対象とならない（地自法第244条の2第3項）。
2 誤り。当該普通地方公共団体の長に審査請求をしなければならない（地自法第244条の4第2項）。
3 誤り。規則ではなく条例で定めなければならない（地自法第244条の2第4項）。
4 誤り。利用させることができる（地自法第244条の3第2項）。
5 正しい（地自法第244条の2第2項）。

正答 5

【No.14】 地方自治法に規定する普通地方公共団体に対する国又は都道府県の関与に関する記述として、妥当なのはどれか。

1 国は、普通地方公共団体がその事務の処理に関し国又は都道府県の関与を受ける場合には、当該事務が自治事務であるときは、当該普通地方公共団体の自主性及び自立性について配慮しなければならないが、当該事務が法定受託事務であるときは、それらを配慮する必要はない。
2 都道府県知事は、市町村の自治事務の処理が法令の規定に違反していると認めるとき、又は著しく適正を欠き、かつ、明らかに公益を害していると認めるときは、当該市町村に対し、当該自治事務の処理について違反の是正又は改善のため講ずべき措置に関し、必要な指示をすることができる。
3 都道府県知事は、市町村の自治事務の処理が法令の規定に違反していると認めるとき、又は著しく適正を欠き、かつ、明らかに公益を害していると認めるときは、当該市町村に対し、当該自治事務の処理について違反の是正又は改善のため必要な措置を講ずべきことを勧告する法律上の義務を負う。
4 普通地方公共団体は、各大臣から普通地方公共団体の事務の適正な処理に関する情報を提供するため必要な資料の提出を求められた場合、この提出義務を負い、それに応じないことをもって違法となる。
5 普通地方公共団体は、その事務の処理に関し、法律又はこれに基づく政令によらなければ、普通地方公共団体に対する都道府県の関与を受け、又は要することとされることはない。

1 誤り。法定受託事務も配慮しなければならない（地自法第245条の3第1項）。
2 誤り。法定受託事務の記述である（地自法第245条の7第2項）。
3 誤り。勧告をすることができる（地自法第245条の6）。
4 誤り。一般的な尊重義務は発生するが、違法とはならない。
5 正しい（地自法第245条の2）。

正答 5

【No.15】 地方公務員法に規定する条件附採用又は臨時的任用に関する記述として、妥当なのはどれか。

1 条件附採用期間中の職員及び臨時的に任用された職員については、地方公務員法における職員としての身分保障を定めた分限の規定は適用されないが、これらの職員の分限については、条例で必要な事項を定めることができる。
2 条件附採用期間は、職員の採用の日から6か月間であるが、実務能力の実証が得られないときは、人事委員会を置く地方公共団体の任命権者は、人事委員会の承認を得て、この期間を1年に至るまで延長することができる。
3 人事委員会を置く地方公共団体の任命権者は、緊急の場合においては、当該人事委員会の承認を得なくとも、6か月をこえない期間で臨時的任用を行うことができる。
4 人事委員会を置く地方公共団体の任命権者は、人事委員会規則で定めるところにより臨時的任用を行う場合、臨時的任用を行おうとする職員個々について、当該人事委員会の承認を得なければならない。
5 人事委員会は、臨時的任用につき、任用される者の資格要件を定めることができるが、任命権者がこれに違反する任用を行った場合においても、その任用を取り消すことはできない。

1 正しい（地方公務員法第29条の2）。
2 誤り。人事委員会が1年に至るまで延長できる（地公法第22条第1項）。
3 誤り。人事委員会の承認を得なければならない（地公法第22条第2項）。
4 誤り。臨時的任用を行おうとする職についての承認である（行実昭31.9.17）。
5 誤り。人事委員会は臨時的任用を取り消すことができる（地公法第22条第4項）。

正答 1

【No.16】 地方公務員法に規定する給与、勤務時間その他の勤務条件に関する記述として、妥当なのはどれか。

1 職員の勤務時間その他職員の給与以外の勤務条件を定めるに当たっては、国及び他の地方公共団体の職員並びに民間事業の従事者との間に権衡を失しないように適当な考慮が払われなければならない。

2 被服の現物支給は、当該現物支給が職務遂行上の特別な必要に基づくものであっても給与と解されるので、給与に関する条例に基づかないで支給することはできない。

3 職員の給与は、法律又は条例により特に認められた場合を除き、通貨で、直接職員に、その全額を支払わなければならないが、この場合、委任状により受任者に一括して支払うことはできない。

4 職員の給与は条例で定め、これに基づいて支給されなければならず、職員に対し表彰を行い、それにあわせて支給する褒賞金は、給与と認められるので、条例で定めのない限り支給することができない。

5 地方公共団体の一般職の職員が特別職を兼ね、その職務に従事する場合において、その特別職が当該職員の職務の性質上当然に兼ねるべきものである場合には、特別職としての報酬を受けなければならない。

1 誤り。民間の動向を考慮することは明記されていない（地公法第24条第5項）。
2 誤り。給与に関する条例に規定されていない（地公法第25条第3項）。
3 正しい（行実昭27.12.26）。
4 誤り。勤労の度合いに比例する対価ではないので、給与には該当しない（行実昭31.11.20）。
5 誤り。一般職の職員が特別職を兼ねた場合には、地公法第24条第4項の適用はないので、報酬を受けることは可能である。

正答　3

【No.17】 地方公務員法に規定する懲戒処分に関する記述として、妥当なのはどれか。

1 任命権者は、職員に対し懲戒処分を行う場合においては、その職員に対し処分の事由を記載した説明書を交付しなければならないが、これを交付しなかったとしても処分の効力に影響がない。
2 刑事事件が取調べ中に処分保留になった公務員に対して、懲戒処分を行うことはできず、当該取調べが完了し、その処分の決定が明らかになるまでは、懲戒処分を待たなくてはならない。
3 任命権者は、職員を依願免職とした後にその職員の在職中の窃盗行為が発覚した場合、依願免職という行政行為を変更して、日付を遡って懲戒免職を発令することができる。
4 懲戒処分と分限処分とはその目的を異にするものであるので、同一事由について懲戒処分と併せて分限処分を行うことはできず、任命権者は、そのいずれかを選択しなければならない。
5 地方公務員法の二重給与禁止の規定により、何らの給与の支給を受けることなく兼務している職の執行に関して懲戒処分を行う場合に、減給処分として本務に対する給与を減額することはできない。

1 正しい（行実昭39.4.15）。
2 誤り。処分保留になった職員に対し、地公法第29条による懲戒処分を行うことは差し支えない（行実昭26.12.20）。
3 誤り。職員が退職した後に在職中の義務違反に対して懲戒処分はできない（地公法第29条第2項）。
4 誤り。懲戒処分と分限処分を併せて行うことができる（行実昭28.1.14）。
5 誤り。給与の支給を受けることなく兼務している職に関しても減給処分を行い得る（行実昭31.3.20）。

正答 1

【No.18】 地方公務員法に規定する職務専念義務に関する記述として、妥当なのはどれか。

1 職務専念義務の免除は、任命権者が行うので、都道府県が給与を負担している市町村立小学校の教職員の職務専念義務は、条例に基づき当該都道府県教育委員会の承認により免除される。
2 職員に職務専念義務が要求されるのは、勤務時間中に限られるので、勤務時間、週休日、休日、休暇等について定めた条例に基づくあらかじめ定められた正規の勤務時間に限って、この義務は存する。
3 職員が任命権者の許可を受けて、登録を受けた職員団体の役員としてもっぱら従事する場合、当該職員は、その許可が効力を有する間は、職務専念義務は免除され、いかなる給与も支給されない。
4 職員が、勤務時間中に地方公務員法の規定による勤務条件に関する措置の要求を行う場合は、法律又は条例に特別の定めがなくても、当然に職務専念義務は免除される。
5 職員団体が勤務時間中に適法な交渉を行う場合に、職員団体が指名する役員として当該交渉に参加する職員は、職務専念義務の免除について、改めて任命権者の承認を得る必要はない。

1 誤り。県費負担教職員の場合、承認権者は市町村教育委員会である（行実昭44.5.15）。
2 誤り。命令を受けた超過勤務時間や休日出勤の時間も含む（地公法第35条）。
3 正しい（地公法第55条の2第5項）。
4 誤り。法律または条例に特別の定めがなければ職務専念義務に抵触する（行実昭27.2.29）。
5 誤り。適法な交渉であっても任命権者から承認を得なければならない（行実昭41.6.21）。

正答 3

【No.19】 地方公務員法に規定する不利益処分に関する不服申立てに関する記述として、妥当なのはどれか。

1 任命権者は、不利益処分を受けた職員からの不服申立てについての人事委員会又は公平委員会の判定に不服があっても、裁判所にその取消しの訴えを提起することはできない。
2 職員がした申請に対する不作為は、職員の意に反する不利益処分と考えられるので、当該職員は、人事委員会又は公平委員会に対して、不服申立てをすることができる。
3 不利益処分を受けた職員は、当該処分の取消しを求める場合、人事委員会又は公平委員会に対して審査請求又は異議申立てをするか、処分の取消しの訴えを提起するかについて、選択することができる。
4 昇給発令が職員の意に満たないものであった場合、当該昇給発令は、職員に不利益を与えるものではないと考えられるので、不利益処分とはならないが、定期昇給が行われなかった場合は、不利益処分の審査の対象となる。
5 不服申立てをすることができるのは、不利益処分を受けた現職の職員でなければならないので、既に職員でなくなった退職者からの不服申立てが認められることはない。

1 正しい（行政訴訟法第42条、行実昭27.1.9）。
2 誤り。職員がした申請に対する不作為については、行政不服審査法による不服申し立ての対象にならない（地公法第49条の2第2項）。
3 誤り。不利益処分の取り消しについては、不服申立前置主義が採られている（地公法第51条の2）。
4 誤り。定期昇給が行われない場合も不利益処分に当たらない（行実昭29.7.13）。
5 誤り。退職処分に関する限り、退職者も含まれる（行実昭26.11.27）。

正答 1

【No.20】 地方公務員法に規定する職員団体に関する記述として、妥当なのはどれか。

1 地方公務員法に規定する職員団体とは、職員がその勤務条件の維持改善を図ることを目的として組織する団体であり、その団体の連合体が職員団体に当たることはない。
2 職員団体と地方公共団体の当局との交渉は、職員団体がその役員の中から指名する者と地方公共団体の当局の指名する者との間で行われなければならず、職員団体は、その役員以外の者を交渉に当たらせることはできない。
3 職員団体と地方公共団体の当局が交渉するに当たっては、議題、時間、場所その他必要な事項をあらかじめ取り決めておく必要があるが、参加する者の氏名をあらかじめ取り決めておくことは、地方公務員法上、規定されていない。
4 地方公共団体の当局は、職員団体との交渉が合意に達した場合は、その合意が法令、条例、地方公共団体の規則及び地方公共団体の機関の定める規程に抵触しない限り、必ず当該職員団体と書面による協定を結ばなければならない。
5 地方公共団体の当局は、人事委員会又は公平委員会による登録を受けた職員団体から勤務条件に関して適法な交渉の申入れがあった場合にはこれに応じなければならないが、登録を受けない職員団体とは交渉することができない。

1 誤り。団体の連合体も含まれる（地公法第52条第1項）。
2 誤り。特別の事情がある場合は、役員以外の者も指名できる（地公法第55条第6項）。
3 正しい（地公法第55条第8項）。
4 誤り。書面による協定を結ぶことができる（同法第55条第9項）。
5 誤り。登録を受けない職員団体から適法な交渉の申し入れがあった場合は、必要に応じて交渉を行うことができる（同法第55条第8項）。

正答 3

【No.21】 行政法の法源に関する記述として、妥当なのはどれか。

1 条約は、国家間の、国際法上の権利義務を定める約定であるが、その内容が国内行政に関するものである場合には、それが公布・施行されることによって国内法としての効力を持つことになり、行政法の法源となる。

2 行政機関により制定される法である命令のうち、内閣が制定する政令や各省大臣が制定する省令は行政法の法源となるが、人事院や会計検査院のような内閣から独立した行政機関により制定される規則は、行政法の法源とはならない。

3 法源は、成文法源と不文法源の2つに分けることができ、最高裁判所の判決は、長期にわたりそれが変更されない場合、司法実務のみならず、立法実務や行政実務も当該判決に従って行われることから、行政法の成文法源である。

4 慣習法とは、人々の間で行われる慣習が法的確信を得て、法的効力を有するに至ったものをいい、行政権の行使には法律による行政の原理が求められることから、慣習法が行政法の法源となることはない。

5 条理とは、禁反言の原則や信義誠実の原則など、一般に正義にかなう普遍的原理として認められる諸原則のことをいい、私人間の法律関係のみに適用される法源で、行政法の法源となることはない。

1 正しい。
2 誤り。独立行政機関が制定する規則は行政法の法源の一つである。
3 誤り。判例法は、不文法源である。
4 誤り。慣習法は行政法の法源の一つである。
5 誤り。条理は行政法の法源の一つである。

正答 1

【No.22】 行政行為の効力に関する記述として、判例、通説に照らして、妥当なのはどれか。

1 不可争力とは、一度行った行政行為について、行政庁は自ら変更できない効力をいい、行政庁が紛争を解決するために一定の手続を経て判断するような争訟裁断行為について認められる。
2 公定力は、行政目的の実現・行政法関係の安定性維持の要求から政策的考慮により認められたものであるので、重大かつ明白な瑕疵をもつ行政行為についても、権限のある行政庁又は裁判所が取り消すまでは、有効と取り扱われる。
3 違法な行政行為によって損害を被ったことを理由とする損害賠償請求訴訟は、行政行為の効力それ自体とは関係がないので、公定力が及ばず、その提起に当たってあらかじめ取消訴訟を提起する必要はない。
4 自力執行力とは、行政行為によって命じた義務を相手方が履行しない場合、行政庁が自ら行動して実現する効力をいい、この効力は行政行為に本来内在する力なので、法律の根拠を必要としない。
5 不可変更力は、一定期間を経過すると、争訟を提起して当該行政行為の効力を争うことができなくなる効力をいい、出訴期間経過後は、行政庁は当該行政行為を取り消すことができなくなる。

1 誤り。不可争力とは、行政行為から一定の期間経過後は、もはやその効力を争えなくなる効力をいう。
2 誤り。重大かつ明白な瑕疵をもつ行政行為は無効であり、公定力は生じない。
3 正しい。
4 誤り。自力執行力には、法律の根拠が必要である。
5 誤り。不可変更力は、一度行った行政行為について、行政庁自らが変更できない効力をいい、争訟裁断行為等に限り例外的に認められるものである。

正答 3

【No.23】 行政法学上の行政行為の附款に関する記述として、妥当なのはどれか。

1 期限とは、行政行為の法効果の発生・消滅を、将来到来することが確実な事実にかからしめる附款であり、到来時期が不確定なものを期限として付すことはできない。

2 負担とは、行政行為の本体に付加して、相手方に対し特別な義務の履行を命ずる附款であり、相手方がこれに従わなくても、本体たる行政行為の効力が当然に失われることはない。

3 条件とは、行政行為の効果を発生不確実な将来の事実にかからしめる附款であり、その事実の発生によって行政行為の効果が生じるものを解除条件といい、その事実の発生によって行政行為の効果が消滅するものを停止条件という。

4 撤回権の留保とは、行政行為をなすに当たって、これを撤回する権利を留保する旨を付加する附款であり、公物の占用許可の際にこれを付すことにより、撤回制限の原則が排除され、当該占用許可を自由に撤回できる。

5 附款は、行政庁の主たる意思表示に付加される従たる意思表示であり、行政行為の一部であるので、附款が違法である場合、附款が本体の行政行為と可分であっても、附款のみの取消しを求めることはできない。

1 誤り。到来時期が不確定でも、到来することが確実であれば期限として付すことができる。
2 正しい。
3 誤り。解除条件と停止条件の説明が逆である。
4 誤り。撤回権の行使には、一定の条理上の制限があるものと解されている。
5 誤り。附款が本体の行政行為と可分であるときは、附款のみの取り消しを求めることができる。

正答 2

【No.24】 行政法学上の行政行為の撤回に関するA～Dの記述のうち、判例、通説に照らして、妥当なものを選んだ組合せはどれか。

A 処分庁の上級行政庁は、処分庁を指揮監督する権限を有するが、法律に特段の定めがない限り、処分庁が行った行政行為を撤回することはできない。

B 最高裁判所の判例では、都有行政財産である土地について建物所有を目的とし期間の定めなくされた使用許可が、当該行政財産本来の用途又は目的上の必要に基づき撤回されたときは、使用権者は、特別の事情のないかぎり、この撤回による土地使用権喪失についての補償を求めることはできないとした。

C 最高裁判所の判例では、行政行為の撤回には法令上の明文の規定が必要とされるため、優生保護法による指定を受けた医師が指定の撤回によって被る不利益を考慮した上で、それを撤回すべき公益上の必要性が高いと認められる場合であっても、法令上、明文の規定がないので、行政庁は当該指定を撤回できないとした。

D 侵害的行政行為の撤回は、その原因が行政庁の責めに帰すべき事由によって生じた場合には、相手方の利益を保護する必要があるため、当該行政行為の成立時に遡って効力が生じる。

1 A B
2 A C
3 A D
4 B C
5 B D

A 正しい。
B 正しい（最高裁判例昭49.2.5）。
C 誤り。撤回すべき公益上の必要性が高いと認められる場合は、撤回できる（最判昭63.6.17）。
D 誤り。撤回に遡及効果はなく、将来に向かって行政行為が執行するに過ぎない。
　正しい組み合わせはAとB。よって正答は1。

正答 1

【No.25】 行政法学上の通達に関する記述として、判例、通説に照らして、妥当なのはどれか。

1 最高裁判所の判例では、行政庁が違法な通達を発したため、私人に対して事実上の不利益が及んだ場合、私人は当該通達そのものに対して取消訴訟を提起することができるとした。
2 最高裁判所の判例では、従来、課税されていなかったパチンコ球遊器について、通達を機縁として課税されることになったのは、通達の内容が法の正しい解釈に合致するものであっても、租税法律主義に反し、違憲であるとした。
3 最高裁判所の判例では、裁判所は、法令の解釈適用に当たっては、通達に示された法令の解釈とは異なる独自の解釈をすることができ、通達に定める取扱いが法の趣旨に反するときは独自にその違法を判定することもできるとした。
4 通達には公定力が認められるので、この通達が法律や条例の規定に違反していても、権限のある行政庁により正式に取り消されない限り有効とされ、直接国民を拘束する。
5 通達は、本来、行政組織内部での規範であるが、国民の法的地位に直接影響を及ぼす場合もあるので、行政庁が通達を発令又は改廃するに当たっては、法律の根拠が必要とされる。

1 誤り。通達そのものを訴訟対象とすることはできない（最判昭43.12.24）。
2 誤り。通達が法の正しい解釈に合致するものであるならば、違憲にはならない（最判昭33.3.28）。
3 正しい。
4 誤り。通達は行政行為には当たらず、公定力は認められない。
5 誤り。通達は国民の法的地位に直接影響を与えるものではなく、法律の根拠は不要である。

正答 3

【No.26】 行政契約に関する記述として、妥当なのはどれか。

1 行政契約は、行政主体等が行政目的を達成するために締結する契約であり、その内容が国民に義務を課したり、国民の権利を制限するものであるため、契約締結には必ず法律の根拠が必要である。

2 行政主体間で締結される行政契約に地方公共団体相互間の事務の委託があり、この委託は、民法上の委託と同様に、事務処理の権限は受託者に移転せず委託者に残るものである。

3 行政契約には、建築基準法による建築協定のように、私人間で協定を結び、行政庁から認可を受けることにより、協定にかかわらない第三者に対しても効力を持つことが認められるものがある。

4 行政契約は、給付行政の分野での主要な行為形式であり、この分野における契約締結に当たっては、民法上の契約法原理が妥当するため、平等原則や比例原則など行政法上の一般原則は適用されない。

5 行政契約は、公害防止協定のように、その目的が地域住民の生命・健康を公害から守るといった重大な法益の保護にある場合に限り、契約によりその違反に対して刑罰を科すことが許される。

1 誤り。行政契約は、原則として法律の根拠を必要としない。
2 誤り。受託した地方公共団体が、その権限と責任において事務処理を行う。
3 正しい。
4 誤り。行政法上の一般原則は、原則として行政契約にも適用される。
5 誤り。行政契約によりその違反者に刑罰を科すことはできない。

正答 3

【No.27】 行政強制に関する記述として、通説に照らして、妥当なのはどれか。

1 行政上の強制執行とは、法律又は行政行為によって課せられた行政上の義務を義務者が履行しない場合に、行政機関が義務違反者に対し制裁として不利益を課すことにより、義務者に強制的に義務を実現させる措置である。

2 行政上の即時強制は、行政上の義務を義務者が履行しない場合に、行政庁が義務者の身体又は財産に実力を行使して、義務の履行があった状態を直ちに実現するものであり、法令又は行政行為による義務の賦課を前提とする。

3 行政上の強制徴収とは、行政上の金銭給付義務を義務者が履行しない場合に、行政機関が義務者の財産に強制を加え、義務が履行されたのと同一の状態を直接に実現するものであり、個別的な法律の根拠が必要である。

4 執行罰とは、行政上の義務の不履行に対して過料を課すことで、間接的に義務の履行を強制するもので、過去の行為に対する制裁として科されるため、同一義務の不履行に対して繰り返し科すことはできない。

5 直接強制は、義務を命じる暇がない場合や義務を命じることによっては目的を達しがたい場合に、あらかじめ義務を課すことなく、行政機関が直接に国民の身体又は財産に実力を加えて行政上必要な状態を実現するものである。

1 誤り。行政上の強制執行は、制裁として不利益を課すものではない。
2 誤り。即時強制は、目前急迫の危険の存在が要件であり、義務違反の有無は問わない。
3 正しい。
4 誤り。執行罰は、将来に向かって義務の実現を図るものである。
5 誤り。直接強制は、義務の不履行が前提となり、その履行を確保するために行われる。

正答 3

【No.28】 行政手続法に規定する不利益処分に関する記述として、妥当なのはどれか。

1 不利益処分とは、行政庁が、法令に基づき、特定の者を名あて人として、直接に、これに義務を課し、又はその権利を制限する処分をいうが、申請により求められた許認可等を拒否する処分は、不利益処分に当たらない。
2 行政庁には、不利益処分の処分基準を定め、公にすることが、許認可等の審査基準の場合と同様に義務付けられており、その処分基準を定めるに当たり、不利益処分の性質に照らしてできる限り具体的なものとしなければならない。
3 行政庁は、不利益処分をする場合には、その名あて人に対し、必ずその処分と同時に書面をもってその処分の理由を示さなければならず、理由の提示のない不利益処分は違法な処分となる。
4 行政庁は、名あて人の資格又は地位を直接にはく奪する不利益処分をしようとするときは、当該不利益処分の名あて人に、意見陳述のため、聴聞の手続ではなく、弁明の機会の付与の手続を執らなければならない。
5 行政庁は、金銭給付の決定の取消しその他の金銭の給付を制限する不利益処分をしようとするときは、当該不利益処分の名あて人に、意見陳述のため、聴聞の手続ではなく、弁明の機会の付与の手続を執らなければならない。

1 正しい（行政手続法第2条第4号）。
2 誤り。不利益処分の処分基準を定め、公にするよう努めなければならない（行手法第12条）。
3 誤り。理由を示さないで処分をすべき差し迫った必要がある場合は、例外が認められる（行手法第14条第1項ただし書）。
4 誤り。聴聞の手続きが必要である（行手法第13条第1項第1号）。
5 誤り。意見陳述のための手続きを要しない（行手法第13条第2項第4号）。

正答 1

【No.29】 行政事件訴訟法に規定する行政訴訟に関する記述として、妥当なのはどれか。

1 民衆訴訟とは、国又は公共団体の機関の法規に適合しない行為の是正を求める訴訟で、民衆の誰もが提起することができ、また、法律に定める場合に限られず、幅広く提起することが認められている。
2 当事者訴訟には、実質的当事者訴訟と形式的当事者訴訟とがあり、前者は、当事者間の法律関係を確認し又は形成する行政処分に関する訴訟であり、後者は、公法上の法律関係に関する訴訟である。
3 民衆訴訟は、客観的な法秩序の適正維持を目的とする客観的訴訟であり、民衆訴訟の例として、地方公共団体の議会の議決又は選挙に関する訴訟や土地収用法に基づく収用委員会の裁決のうち損失の補償に関する訴訟が挙げられる。
4 機関訴訟は、国又は公共団体の機関相互間における権限の存否又はその行使に関する紛争についての訴訟であり、法律に定める場合において、法律に定める者に限り、提起することができる。
5 民衆訴訟は、行政の客観的な公正の確保により国民の個人的権利利益を保護することを目的とするため、法律上の争訟に該当し、その審理は司法権固有の権限に属するものである。

1 誤り。法定の制度である
2 誤り。実質的当事者訴訟と形式的当事者訴訟の説明が逆である（行政訴訟法第4条）。
3 誤り。後半の説明は当事者訴訟に関する説明である（行訴法第4条、第5条）。
4 正しい（行訴法第6条）。
5 誤り。国民の個人的権利利益保護を目的としない制度である。

正答 4

【No.30】 行政事件訴訟法に規定する取消訴訟に関する記述として、妥当なのはどれか。

1 処分の取消しの訴えは、当該処分につき法令の規定により審査請求をすることができる場合においては、審査請求に対する裁決を経た後でなければ提起することができない。

2 裁判所は、処分又は裁決が違法ではあるが、これを取り消すことにより公の利益に著しい障害を生ずる場合であり、一切の事情を考慮したうえで取消しが公共の福祉に適合しないと認め、取消しの請求を棄却するときには、当該判決の主文において、処分又は裁決が違法であることを宣言しなければならない。

3 行政処分を違法として取り消す判決が確定すると、当該処分は処分時に遡ってその効力を失うが、これは原告の権利を保障するためであり、訴外の第三者との関係においては行政処分の効力は消滅しない。

4 原告が取消訴訟の提起に先立ち、行政処分の不服申立てを行い棄却された場合において、原処分の取消訴訟と棄却裁決の取消訴訟の双方を提起することができる場合には、当該棄却裁決の取消訴訟において、原処分の違法を主張して裁決の取消しを求めることができる。

5 審査請求を棄却した裁決が判決により取り消されたときは、当該判決はその事件について当事者たる行政庁を拘束するので、その裁決をした行政庁以外の行政庁が、判決の趣旨に従い、審査請求に対する裁決をしなければならない。

1 誤り。直ちに提起することを妨げない（行訴法第8条）。
2 正しい（行訴法第31条）。
3 誤り。判決の効力が第三者にも及ぶ「第三者効」がある（行訴法第32条第1項）。
4 誤り。処分の違法を理由として取り消しを求めることはできない（行訴法10条2項）。
5 誤り。処分または裁決をした行政庁である（行訴法第32条第2項）。

正答 2

【No.31】 行政不服審査法に規定する審査請求の審理手続に関する記述として、妥当なのはどれか。

1 審査請求の審理は書面によるのが原則であるが、処分庁は、必要があると認めるときは、審査庁に対し口頭で意見を述べる機会を求めることができ、この求めがあったときは、審査庁は処分庁にこの機会を与えなければならない。
2 処分庁から弁明書の提出があったときは、審査庁は、審査請求の全部を容認すべき場合であっても、その副本を審査請求人に送付しなければならない。
3 審査庁は、職権により参考人の陳述又は鑑定を求めることや書類その他の物件の提出を求めることはできるが、職権により必要な場所について検証をすることはできない。
4 審査請求が不適法であっても、補正することができるものであるときは、審査庁は、相当の期間を定めて、当該審査請求の補正を命じなければならない。
5 審査請求人又は参加人は、審査庁に対し、処分庁から提出された書類その他の物件の閲覧を求めることができ、その場合、審査庁は、必ずこれに応じなければならない。

1 誤り。請求人または参加人の申し立てである（行政不服審査法第25条Ⅰただし書）。
2 誤り。全部認容の場合は不要となる（行審法22条第5項）。
3 誤り。職権で可能（行審法29条）。
4 正しい（行審法21条）。
5 誤り。例外規定として拒むことができる（行審法第33条第2項）。

正答 4

【No.32】 行政代執行法に規定する代執行に関する記述として、妥当なのはどれか。

1 代執行の対象となる行政上の義務は、法律により直接に命ぜられ、又は法律に基づき行政庁により命ぜられた義務に限られ、法律の委任に基づく命令及び条例により命ぜられた義務は含まれない。
2 行政庁は、義務者が行政上の義務を履行しない場合に、その不履行を放置することが著しく公益に反すると認められるときは、他の手段により行政上の義務の履行を確保することが可能であっても、代執行をすることができる。
3 行政庁が代執行をなすには、義務者に対し相当の履行期限を定め、その期限までに履行がなされないときは、代執行をなすべき旨を、予め文書で戒告しなければならず、この手続を経ないで代執行をすることは一切できない。
4 行政庁は、代執行を行った場合、その代執行に実際に要した費用の額及びその納期日を定め、義務者に対し文書をもってその納付を命じ、義務者がこれを納付しないときは、国税滞納処分の例により、強制徴収することができる。
5 行政庁は、事前に裁判所から代執行をなすべき時期、代執行のために現場に派遣される執行責任者の氏名などを記載した代執行令書の交付を受けなければ、代執行をすることができない。

1 誤り（行政代執行法第2条）。
2 り。他の手段による履行確保困難も要件である（行代法第2条）。
3 例外がある（行代法第3条第3項）。
4 正しい（行代法5条・6条）。
5 誤り。例外がある（行代法第3条第3項）。

正答 4

【No.33】 損失補償に関する記述として、妥当なのはどれか。

1 土地の収用に因る損失の補償は、金銭をもってするものとされており、土地所有者は、収用される土地の補償金に代えて、代替地の提供をもって損失を補償することを収用委員会に要求することはできない。
2 土地の収用に因る損失の補償は、収用される土地の権利の補償に限られるため、移転料、営業上の損失など収用に伴い土地所有者が通常受ける付随的な損失については、補償の対象とならない。
3 消防活動に当たり、消火若しくは延焼の防止又は人命の救助のために緊急の必要があり、延焼のおそれがある消防対象物を処分した場合は、そのために損害を受けた者に対して、その損失を補償しなければならない。
4 最高裁判所の判例では、憲法に規定する正当な補償とは、補償が財産の供与と交換的に同時に履行されるべきことをも保障したものと解することができるので、政府が食糧管理法に基づき個人の産米を買い上げるには供出と同時に代金を支払わなければ憲法に違反するとした。
5 最高裁判所の判例では、土地収用法における損失の補償は、特定の公益上必要な事業のために土地が収用される場合、その収用によって当該土地の所有者等が被る特別な犠牲の回復を目的とするものであるから、収用の前後を通じて被収用者の財産価値を等しくならしめるような補償をなすべきであるとした。

1 誤り。土地収用法第133条に基づく替地補償請求の規定がある。
2 誤り（最判昭48.10.18）。
3 誤り。延焼の恐れがある、消防対象物以外である（最判昭47.5.30）。
4 誤り。同時履行まで補償したものと解することはできない（最判昭24.7.13）。
5 正しい（最判昭48.10.18）。

正答 5

【No.３４】 国家賠償法に規定する公の営造物の設置又は管理の瑕疵に基づく損害賠償責任に関するＡ～Ｄの記述のうち、最高裁判所の判例に照らして、妥当なものを選んだ組合せはどれか。

Ａ 国家賠償法に規定する営造物の設置又は管理の瑕疵とは、営造物が通常有すべき安全性を欠いていることをいい、これに基づく国及び公共団体の損害賠償責任については、その過失の存在を必要としない。

Ｂ 未改修である河川の管理についての瑕疵の有無は、河川管理における財政的、技術的及び社会的諸制約の下でも、過渡的な安全性ではなく、道路の管理の場合と同様、通常予測される災害に対応する安全性を備えていると認められるかどうかを基準として判断しなければならない。

Ｃ 幼児が公立中学校の校庭のテニスコートの審判台に昇り、後部から降りようとしたために転倒した審判台の下敷きになって死亡した場合において、当該審判台には、本来の用法に従って使用する限り、転倒の危険がなく、当該幼児の行動が当該審判台の設置管理者の通常予測し得ない異常なものであったという事実関係の下では、設置管理者は損害賠償責任を負わない。

Ｄ 国家賠償法に規定する営造物の設置又は管理の瑕疵とは、当該営造物を構成する物的施設自体に存する物理的、外形的な欠陥ないし不備によって一般的に他人に危害を生ぜしめる危険性がある場合をいい、供用目的に沿って利用されることとの関連において危害を生ぜしめる危険性がある場合は含まず、また、その危害は、当該営造物の利用者以外の第三者に対するそれを含まない。

1　Ａ　Ｂ
2　Ａ　Ｃ
3　Ａ　Ｄ
4　Ｂ　Ｃ
5　Ｂ　Ｄ

Ａ 正しい（最判昭45.8.20）。
Ｂ 誤り（最判昭59.1.26及び最判平8.7.12）。
Ｃ 正しい（最判平5.3.30）。
Ｄ 誤り（最判昭56.12.16）。
　正しい組み合わせはＡとＣ。よって正答は２。

正答　２

【No.３５】 行政法学上の公物に関する記述として、判例、通説に照らして、妥当なのはどれか。

1 公物は、利用目的により公共用物と公用物とに分類することができ、国や県の庁舎など直接には官公署の用に供されるものを公共用物、道路や公園など直接に一般公衆の用に供されるものを公用物という。

2 最高裁判所の判例では、公物は私法の適用を受けることはないため、公共用財産について私人が長く占有をし、黙示の公用廃止が認められる場合であっても、当該物について時効取得が認められることはないとした。

3 公物の成立には、公用物と公共用物とのいずれにおいても、利用に供する旨の行政主体の意思表示である公用開始行為が要件となる。

4 公物は、行政主体により特定の行政目的に継続的に供用される人的物的施設の総合体であるから、海浜は公物には含まれない。

5 行政主体が物を公の用に供するに当たっては、これに対する権原が必要であるが、その権原は所有権に限られないので、所有権が私人に属する公物が存在する。

1 誤り。問題文は公用物と公共用物の説明が逆になっている。
2 誤り（最判昭51.12.24）。
3 誤り。公共用物のうち自然公物の場合には、不要である。
4 誤り。公物のうち公共用物には自然公物の概念がある。
5 正しい。

正答　5

【No.36】 行政機関の保有する情報の公開に関する法律（情報公開法）に関する記述として、妥当なのはどれか。

1 行政機関の長は、開示請求に係る行政文書に第三者に関する情報が記録されているときには、開示決定の前に当該情報に係る第三者に対して意見書提出の機会を与えなければならず、反対意見書が提出された場合、当該行政文書を開示することができない。

2 開示請求をする者は、請求に当たって、行政機関の長に開示請求書を提出しなければならないが、その開示請求書には、氏名又は名称、住所、文書を特定するに足りる事項、開示請求の理由、利用目的を記載しなければならない。

3 行政機関の長は、開示請求に係る行政文書が存在しているか否かを答えるだけで、不開示情報として保護する利益が害される場合であっても、請求対象文書が存在しないときには、請求者に不存在であることを開示しなければならない。

4 開示請求権を有する者は日本国民に限られず、また、その者の日本における居住は要件とされていないことから、外国に居住している外国人も日本の行政機関の保有する行政文書の開示を請求することができる。

5 行政機関の長は、開示請求に係る行政文書に不開示情報が記録されている場合、公益上特に必要があると認めるときであっても、その裁量をもって、開示請求者に対し、当該行政文書を開示することはできない。

1 誤り。開示決定時は決定の日と実施する日との間に少なくとも2週間をおかなければならない（情報公開法第13条第3項）。
2 誤り。開示請求の理由、利用目的は不要（情公法第4条第1項）。
3 誤り（情公法第8条）。
4 正しい（情公法第3条）。
5 誤り。開示することが可能（情公法第7条）。

正答 4

【No.37】 古典的予算原則に関する記述として、妥当なのはどれか。

1　厳密性の原則とは、全ての収入と支出は、漏れなく予算に計上されなければならないという原則であり、我が国では財政法に規定されている。
2　公開性の原則とは、予算あるいは財政に関する情報が、議会や国民に対して公開されていなければならないという原則であり、我が国では、財政法に財政状況の報告の義務が規定されているが、憲法には規定されていない。
3　統一性の原則とは、特定の収入と特定の支出とを結びつけなければならないという原則であり、ノン・アフェクタシオンの原則とも呼ばれる。
4　完全性の原則とは、予算を編成するに当たって、予定収入と予定支出を、可能な限り正確に見積もることを求める原則であり、予算と決算との乖離を可能な限り小さくすることを求める原則であるともいえる。
5　事前性の原則とは、予算は会計年度が始まるまでに編成を終え、議会によって承認されなければならないという原則である。

1　誤り。問題文の記述は完全性の原則である。
2　誤り。憲法第91条においても規定されている。
3　誤り。特定の財源をもって特定の支出に充てることを禁止するものである。
4　記述は厳密性の原則である。
5　正しい。

正答　5

【No.38】 地方税の原則に関する記述として、妥当なのはどれか。

1 応益性の原則とは、公共サービスにより受ける便益の大きさに応じて税を負担すべきであるとするもので、地方税においては、国税に比べて応益性がより重要視される。
2 普遍性の原則とは、地方税としては、どの地方団体にも税源が存在し一定以上の税収が期待できる税目が望ましいとするもので、税収が経済力の豊かな地域に偏在している固定資産税は、普遍性に欠ける税目である。
3 自主性の原則とは、地方の課税自主権を尊重し、地方税の課税標準と税率の決定に自主性が認められるべきとするものであるが、地方団体が法定外目的税を新設するには国の許可が必要である。
4 安定性の原則とは、地方団体の経費は経常性が強いため、地方税については、景気の変動に左右されない安定性の高い税目が望ましいとするもので、事業税や法人住民税は、景気変動に左右されず、収入に安定性がある税目である。
5 負担分任の原則とは、地方団体の行政サービスの費用については、できるだけその住民が負担を分任するというもので、住民税の均等割や、所得税よりも高い個人住民税の課税最低限の設定は、この原則から導かれる。

1 正しい。
2 誤り。固定資産税はどの地方団体にも税源が存在し、一定以上の税収が期待できる税目である。
3 誤り。地方団体が法定外目的税を新設する場合、総務大臣との協議と同意がなければならない。
4 誤り。事業税や法人住民税は景気に左右されるため、収入に安定性がある税目とは言えない。
5 誤り。住民税の均等割は、住民が負担を分任するものと言える。

正答 1

【No.39】 「平成24年版地方財政白書（平成22年度決算）」の内容に関するA～Dの記述のうち、妥当なものを選んだ組合せはどれか。

A　普通会計の純計決算額は、前年度のそれと比べて、歳入は減少したが、歳出は増加した。

B　目的別歳出の構成比の推移は、土木費の構成比が低下の傾向にある一方、民生費の構成比が上昇の傾向にある。

C　義務的経費について前年度と比べると、人件費は減少したが、扶助費は増加した。

D　国と地方の歳出純計額を最終支出の主体に着目して国と地方とに分けると、地方の歳出の割合は50％を下回る。

1　A　B
2　A　C
3　A　D
4　B　C
5　B　D

A　誤り。歳入97兆5,115億円（前年度98兆3,657億円）、歳出94兆7,750億円（同96兆1,064億円）で、前年度に比べて歳入歳出ともに減少。
B　正しい。
C　正しい。
D　誤り。国が41.3％（66兆1,596億円）、地方が58.7％（93兆9,243億円）となっている。
　　正しい組み合わせはBとC。よって正答は4。

正答　4

【No.40】 地方財政の分析指標に関する記述として、妥当なのはどれか。

1 実質収支比率とは、歳入決算額から歳出決算額を差し引いた歳入歳出差引額を一般財源総額で除したものであり、実質収支比率が正数の場合は黒字、負数の場合は赤字を示すものである。

2 公債費負担比率とは、地方公共団体における公債費による財政負担の度合いを判断する指標の一つで、公債費に充当された一般財源の、標準税収入額に対する割合であり、その比率が高いほど財政の硬直化が進んでいるとされる。

3 財政力指数とは、地方公共団体の財政力を示す指数で、基準財政収入額を基準財政需要額で除して得た数値の過去3年間の平均値であり、この指数が高いほど財源に余裕があるとされる。

4 標準財政規模とは、地方公共団体の標準的な状態で通常収入されるであろう経常的一般財源の規模を示す指標であり、この数値が1を超える地方公共団体は収入超過団体であり、普通交付税は交付されない。

5 経常収支比率とは、地方公共団体の財政構造の弾力性を判断するための指標で、経常的経費に経常一般財源収入がどの程度充当されているかを見るものであり、これが高いほど新たな住民ニーズに対応できる余地が大きいとされる。

1 誤り。実質収支比率は、標準財政規模で除したものである。
2 誤り。公債費負担比率は、一般財源総額に対する割合である。
3 正しい。
4 誤り。標準財政規模の算定には、普通交付税が含まれる。
5 誤り。経常的経費に経常一般財源収入がどの程度充当されているかを見るものであり、比率が高いほど財政構造の硬直化が進んでいることを表している。

正答 3

§4 平成25年度

択一式問題　Ⅰ類事務・技術

地方自治制度

　出題数は14問で、内容としては、総則と直接請求から各１問、議会と執行機関から各４問、財務から２問、公の施設と特別区から各１問となっている。
　出題は、ほとんどが条文や行政実例から出ており、例年通り、オーソドックスな内容となっていた。ただし、一部の選択肢の中には、『逐条地方自治法』（学陽書房）を確認しないと正誤の判断が出来ないものもあった。

地方公務員制度

　例年同様、設問数は６問で、条文や行政実例を基とした設問が多く、参考書や問題集で基礎を押さえる事前学習をしていれば解答できる内容となっている。
　なお、出題分野はこれまで出題されていなかった職階制が意外な分野として出題されたが、あとは欠格条項、分限処分、守秘義務、勤務条件に関する措置要求、職員団体というこれまでも出題されていた分野であった。

行政法

　出題数は従来と同様16問で最も出題が多い分野だった。比較的オーソドックスな内容だったが、条文、行政実例などの細かな内容を問う設問も見受けられ、これらの正確な理解が高得点に結び付いたのではないかと推測される。

財政学・地方財政制度

　例年と同様、出題数は４問だった。内容的には、近年の傾向通り、地方税、地方公会計制度等に対する基本的な設問だったため、正確な知識の理解が、得点のポイントとなる。
　また、最近出題のない公共財から出題があったが、基本的な知識の理解があれば解答できたものだ。

25年度 Ⅰ類択一式問題の正答

分野	問題	正答	出題内容
地方自治制度	No.1	1	普通地方公共団体の名称の変更
	No.2	2	事務の監査請求
	No.3	5	議会の議決事件
	No.4	1	議会の長又は副議長
	No.5	3	議会の会議
	No.6	3	議会の議員の懲罰
	No.7	5	長の担任事務
	No.8	3	副知事又は副市町村長
	No.9	2	長と議会との関係
	No.10	2	執行機関の附属機関
	No.11	4	分担金、使用料、加入金及び手数料
	No.12	1	職員の賠償責任
	No.13	4	公の施設
	No.14	4	特別区
地方公務員制度	No.15	5	欠格条項
	No.16	2	職階制
	No.17	5	分限処分
	No.18	3	秘密を守る義務
	No.19	1	勤務条件に関する措置の要求
	No.20	4	職員団体と地方公共団体の当局との交渉
行政法	No.21	4	法の一般原則
	No.22	4	行政行為の公定力
	No.23	5	行政裁量
	No.24	5	行政行為の取消し
	No.25	5	行政立法
	No.26	2	行政計画
	No.27	4	行政刑罰
	No.28	3	申請に対する処分
	No.29	2	取消訴訟
	No.30	1	特別の事情による請求の棄却（事情判決）
	No.31	1	不服申立て
	No.32	1	行政行為の分類又は効力
	No.33	4	損失補償
	No.34	3	国家賠償法
	No.35	1	行政調査
	No.36	3	個人情報の保護に関する法律
地方財政制度・財政学	No.37	2	予算
	No.38	2	法定外普通税又は法定外目的税
	No.39	5	純粋公共財
	No.40	3	地方公会計制度における財務書類4表

（注）No.1～20は事務・技術共通問題、No.21～40は事務専門問題

【No. 1】 地方自治法に規定する普通地方公共団体の名称の変更に関するA～Dの記述のうち、妥当なものを選んだ組合せはどれか。

A 都道府県以外の普通地方公共団体の名称を変更しようとするときは、当該普通地方公共団体の長は、あらかじめ都道府県知事に協議しなければならない。

B 都道府県以外の普通地方公共団体が、その名称を変更する条例を制定し又は改廃したときは、直ちに都道府県知事に当該普通地方公共団体の変更後の名称及び名称を変更する日を報告しなければならない。

C 都道府県が、その名称を変更しようとするときは、条例でこれを定めなければならない。

D 都道府県以外の普通地方公共団体が、その名称を変更しようとするときは、当該普通地方公共団体の属する都道府県の条例でこれを定めなければならない。

1　A　B
2　A　C
3　A　D
4　B　C
5　B　D

A～Dの各項目の正否は次の通り。
A　正しい（地方自治法第3条第4項）。
B　正しい（同条第5項）。
C　誤り。法律で定めなければならない（同条第2項）。
D　誤り。地方自治法に特別の定めがあるものを除く（同条第3項）。
　正しい組み合わせはAとB。よって正答は1。

正答　1

【No. 2】 地方自治法に規定する事務の監査請求に関する記述として、妥当なのはどれか。

1 監査委員は独任制機関としての性格を有するものであり、特定個人たる監査委員に対して、事務の監査請求が認められる。
2 事務の監査請求事件が裁判所において係争中のものであっても、監査委員は独自の立場において監査をなすべきである。
3 事務の監査請求の請求者は、普通地方公共団体の住民であり、法律上の行為能力を認められている限り、法人たると個人たるとを問わない。
4 事務の監査請求の対象の範囲は、普通地方公共団体の事務一般であり、単なる税額のみの公開請求も監査請求として受理すべきである。
5 事務の監査請求の請求者は、監査委員の監査の結果に不服があるときは、訴訟により争うことができる。

1 誤り。監査委員たる機関に対する請求を認めたものであり、特定個人たる監査委員に対する請求を認めたものではない（行実昭26.7.30）。
2 正しい（行実昭29.4.21）。
3 誤り。個人に限られる。なお、法人と個人を問わないのは住民監査請求である（地方自治法第75条第1項。行実昭23.10.30）。
4 誤り。単なる税額のみの公開請求は、監査の請求とは解されない（行実昭24.2.21）。
5 誤り。監査結果の内容に対する争訟は出来ないものと解されている（逐条解説302頁）。

正答 2

【No. 3】 地方自治法に規定する普通地方公共団体の議会の議決事件に関する記述として、妥当なのはどれか。

1 普通地方公共団体は、条例で議会の議決すべき事件を定めることができるが、法定受託事務に係る事件については、いかなる場合であっても条例で議会の議決すべき事件と定めることはできない。
2 負担付きの寄附を受ける場合において、普通地方公共団体は、当該普通地方公共団体の議会の議決を経なければならず、その負担には、当該寄附物件の維持管理が含まれる。
3 普通地方公共団体の区域内の公共的団体等の活動の総合調整に関することは、当該普通地方公共団体の長の権限に属する事項であるので、議会の議決事件ではない。
4 普通地方公共団体の財産を適正な対価なくして譲渡する場合は、当該普通地方公共団体の議会の議決を得る必要があるが、適正な対価なくして貸し付ける場合は、議会の議決を得る必要は一切ない。
5 法律上普通地方公共団体の義務に属する損害賠償の額を定めることは、当該普通地方公共団体の議会の議決事件であるが、判決により確定した損害賠償の額については、更に議会の議決を得る必要はない。

1 誤り。法定受託事務も、国の安全に関することなどを除き、原則として条例で議決事項に出来る（地方自治法第96条第2項）。
2 誤り。寄附物件の維持管理は含まない（行実昭25.6.8）。
3 誤り。議決事件である（同条第1項第14号）。
4 誤り。条例で定める場合を除き、議決事件となる（同項第6号）。
5 正しい（行実昭36.11.27）。

正答　5

【No. 4】 地方自治法に規定する普通地方公共団体の議会の議長又は副議長に関する記述として、妥当なのはどれか。

1 普通地方公共団体の議会の議長の選挙事由は、議長が欠けてはじめて生ずるものであって、欠員が生じない以前に行われた議長の選挙は、選挙事由のないものとして違法である。
2 普通地方公共団体の議会の議長及び副議長にともに事故があるときは、仮議長を選挙し、議長の職務を行わせることとされており、議会は、仮議長の選任を議長に委任することはできない。
3 普通地方公共団体の議会の議長及び副議長がともに欠けたときは、議場に出席している議員中の年長の議員が臨時議長となり議長を選挙するが、当該年長の議員は、臨時議長の職務を拒むことができる。
4 普通地方公共団体の議会により不信任議決を受けた議長又は副議長は、当該不信任議決によって当然にその職を失うものであり、当該不信任議決に対して訴訟を提起することができる。
5 普通地方公共団体の議会事務局の事務局長、書記その他の職員は、議長がこれを任免することとされており、議長が欠けたときであっても副議長が代行することはできない。

1 正しい（行実昭33.8.23）。
2 誤り。議長に委任できる（地方自治法第106条第3項）。
3 誤り。臨時議長の職務を拒むことは出来ない（行実昭36.6.9）。
4 誤り。議長及び副議長は、不信任議決により失職するものではない。また、不信任議決に対する訴訟は出来ない（行実昭23.8.7）。
5 誤り。職員の任免について、議長が欠けた時は副議長が代行できる（行実昭39.9.18）。

正答 1

【No. 5】 地方自治法に規定する普通地方公共団体の議会の会議に関するA～Dの記述のうち、妥当なものを選んだ組合せはどれか。

A　普通地方公共団体の議会は、議長又は議員3人以上の発議により、出席議員の3分の2以上の多数で議決したときは、秘密会を開くことができるが、当該発議は、討論を行わないでその可否を決しなければならない。

B　普通地方公共団体の議会の議員定数の4分の1以上の者が、当該普通地方公共団体の長に対して臨時会の招集を請求するときは、必ず議会運営委員会の議決を経なければならない。

C　普通地方公共団体の議会は、原則として、議員定数の半数以上の議員が出席しなければ会議を開くことができないが、同一の事件につき再度招集してもなお半数に達しない場合に限り、これを開くことができる。

D　普通地方公共団体の議会の議員は、自己の従事する業務に直接の利害関係のある事件については、その議事に参与することができないが、当該普通地方公共団体の議会の同意があったときは、会議に出席し、発言することができる。

1　A　B
2　A　C
3　A　D
4　B　C
5　B　D

　A～Dの各項目の正否は以下の通り。
A　正しい（地方自治法第115条第2項）。
B　誤り。議会運営委員会の議決は不要。議決が必要なのは、議長が請求する場合である（同法第101条第3項）。
C　誤り。除斥のため半数に達しない時などの例外がある（同法第113条）。
D　正しい（同法第117条）。
　正しい組み合わせはAとD。よって正答は3。

正答　3

【No. 6】 地方自治法に規定する普通地方公共団体の議会の議員の懲罰に関する記述のうち、妥当なのはどれか。

1 普通地方公共団体の議会の議員が、会議規則に違反して秘密会の議事を外部に漏らした場合、会期不継続の原則の適用により、その秘密性が継続しても、次の会期において懲罰を科することはできない。
2 議会の議員の懲罰のうち、一定期間の出席停止の動議を議題とするに当たっては、出席議員の8分の1以上の者の発議がなければならない。
3 議会の議員の懲罰のうち、除名については、普通地方公共団体の議会の議員の3分の2以上の者が出席し、その4分の3以上の者の同意がなければならない。
4 普通地方公共団体の議会は、除名された議員で再び当選した議員を拒むことができる。
5 普通地方公共団体の議会の議員が正当な理由がなくて招集に応じないため、議長が、特に招状を発しても、なお故なく出席しない者は、議長において、議会の議決を経なくても、懲罰を科することができる。

1 誤り。秘密性が継続する限り、次の会期において懲罰を科し得る（行実昭25.3.18）。
2 誤り。出席議員ではなく、定数の8分の1以上の発議が必要である（地方自治法第135条第2項）。
3 正しい（同法第135条第3項）。
4 誤り。拒むことは出来ない（同法第136条）。
5 誤り。議会の議決を経る必要がある（同法第137条）。

正答 3

【No．7】 地方自治法に規定する普通地方公共団体の長の担任事務に関するA～Eの記述のうち、妥当なものを選んだ組合せはどれか。

A　学校その他の教育機関の用に供する財産の管理に関すること。
B　会計を監督すること。
C　支出負担行為に関する確認を行うこと。
D　決算を普通地方公共団体の議会の認定に付すること。
E　予算を調製し、及びこれを執行すること。

1　A　B　D
2　A　C　D
3　A　C　E
4　B　C　E
5　B　D　E

　A～Eの各項目の正否は以下の通り。
A　誤り。教育委員会の職務権限である（地教行法第23条第2号）。
B　正しい（地方自治法第149条第5号）。
C　誤り。会計管理者の職務権限である（同法第170条第2項第6号）。
D　正しい（同法第149条第4号）。
E　正しい（同条第2号）。
　正しい組み合わせはBとDとE。よって正答は5。

正答　5

【No. 8】 地方自治法に規定する普通地方公共団体の副知事又は副市町村長に関する記述として、妥当なのはどれか。

1　普通地方公共団体の長の職務を代理していない副知事又は副市町村長は、退職しようとするときは、その退職しようとする日前20日までに、当該普通地方公共団体の議会の議長に申し出なければならない。
2　普通地方公共団体の長は、副知事又は副市長村長を置く場合は条例で定数を定めなければならないが、副知事又は副市町村長を置かない場合は条例を定める必要はない。
3　普通地方公共団体の副知事又は副市町村長は、当該普通地方公共団体に対し請負をする者となることができず、請負をする者となったときは、普通地方公共団体の長は、当該副知事又は副市町村長を解職しなければならない。
4　普通地方公共団体の副知事又は副市町村長は、当該普通地方公共団体の議会の議員と兼ねることはできないが、当該普通地方公共団体の常勤の職員と兼ねることはできる。
5　普通地方公共団体の長は、当該普通地方公共団体の副知事又は副市町村長を議会の同意を得て選任するので、副知事又は副市町村長を任期中に解職するときは、必ず議会の同意を得なければならない。

1　誤り。議会の議長ではなく、長に申し出なければならない（地方自治法第165条第2項）。
2　誤り。条例で置かないことが出来る（同法第161条第1項）。
3　正しい（同法第166条第3項）。
4　誤り。常勤職員も兼職できない（同条第2項、第141条第2項）。
5　誤り。議会の同意は不要である（同法第163条）。

正答　3

【No. 9】 地方自治法に規定する普通地方公共団体の長と議会との関係に関する記述として、妥当なのはどれか。

1 普通地方公共団体の議会において法令により負担する経費を削除する議決をした場合において、当該普通地方公共団体の長がその経費を再議に付しても、議会の議決がなおその経費を削除したときは、当該普通地方公共団体の長は、その議決を不信任の議決とみなすことができる。
2 普通地方公共団体の議会の議決又は選挙がその権限を超え又は法令若しくは会議規則に違反すると認めるときは、当該普通地方公共団体の長は、理由を示してこれを再議に付し又は再選挙を行わせなければならない。
3 普通地方公共団体の議会において当該普通地方公共団体の長の不信任の議決をし、当該普通地方公共団体の長が議会を解散した場合において、その解散後初めて招集された議会において再び不信任の議決をするためには、議員数の3分の2以上の者が出席し、その4分の3以上の者の同意がなければならない。
4 普通地方公共団体の議会において感染症予防のために必要な経費を減額する議決をした場合において、当該普通地方公共団体の長がその経費を再議に付しても、議会の議決がなおその経費を減額したときは、当該普通地方公共団体の長は、その経費を予算に計上し、支出することができる。
5 普通地方公共団体の長が当該普通地方公共団体の議会の議長から不信任議決の通知を受けたとき、既に議員が総辞職していたために議会を解散することができない場合、当該普通地方公共団体の長はその職を失う。

1 誤り。その経費を予算に計上して支出できる。不信任議決とみなすことは出来ない（地方自治法第177条第3項）。
2 正しい（同法第176条第4項）。
3 誤り。議員数の3分の2以上の出席と、その過半数の同意が必要である（同法第178条第3項）。
4 誤り。不信任の議決とみなすことが出来る。予算に計上して支出することは出来ない。（同法第177条第4項）。
5 誤り。長は失職しない（行実昭25.11.30）。

正答　2

【No.10】 地方自治法に規定する普通地方公共団体の執行機関の附属機関に関する記述として、妥当なのはどれか。

1 普通地方公共団体は、当該普通地方公共団体の執行機関の附属機関が臨時的又は速急を要する機関である場合には、法律又は条例によらず、規則によりこれを設置することができる。
2 普通地方公共団体の執行機関の附属機関を組織する委員その他の構成員は非常勤であり、これを条例で常勤とし、給料を支給することはできない。
3 普通地方公共団体の執行機関の附属機関は、調停又は審査のための機関に限られ、審議又は調査のための機関として設置することはできない。
4 普通地方公共団体の執行機関の附属機関は、法律又はこれに基づく政令に特別の定めがある場合を除き、独自の事務局を持ち、その事務局が当該附属機関の庶務を行わなければならない。
5 普通地方公共団体の執行機関の附属機関は、必ず特定の執行機関のみに附属するので、当該普通地方公共団体の長と教育委員会の両者に附属する附属機関を設置することはできない。

1 誤り。臨時的、速急を要する機関であっても、条例によらなければ設置できない（行実昭27.11.19）。
2 正しい（地方自治法第202条の3第2項）。
3 誤り。調停、審査、諮問または調査のための機関である（同法第138条の4第3項）。
4 誤り。附属機関の属する執行機関において庶務を行う（同法第202条の3第3項）。
5 誤り。特定の執行機関にのみ附属するとは限らない（逐条解説688ページ）。

正答　2

【No.11】 地方自治法に規定する分担金、使用料、加入金及び手数料に関する記述として、妥当なのはどれか。

1　手数料は、数人又は普通地方公共団体の一部に対し利益のある事件に関し、その必要な費用に充てるため、当該事件により特に利益を受ける者から、その受益の限度において、徴収することができる。
2　使用料は、行政財産の目的外使用又は公の施設の利用に対しその反対給付として徴収されるものであるので、普通地方公共団体は普通財産の貸付について私法上の契約による賃貸料を徴収することはできない。
3　加入金は、旧慣により使用権の認められた公有財産につき新たにその使用を許可される者に対し、その特権的な使用の対価として徴収されるものなので、その徴収につき不服申立てをすることはできない。
4　使用料の徴収に関する処分について、行政不服審査法上の審査請求又は異議申立てをする場合は、当該処分を受けた日の翌日から起算して30日以内にしなければならない。
5　詐欺その他不正の行為により、分担金、使用料、加入金又は手数料の徴収を免れた者については、規則でその徴収を免れた金額の5倍に相当する金額以下の罰金を科する規定を設けることができる。

1　誤り。分担金の説明である（地方自治法第224条）。
2　誤り。普通財産の貸付等については、私法上の契約による賃貸料等を徴収することとなる（逐条解説781ページ）。
3　誤り。不服申し立てが出来る（同法第229条第3項）。
4　正しい（同項）。
5　誤り。条例で過料を設けることが出来る（同法第228条第3項）。

正答　4

【No.12】 地方自治法に規定する職員の賠償責任に関する記述として、妥当なのはどれか。

1　会計管理者の事務を補助する職員、占有動産を保管している職員又は物品を使用している職員が故意又は重大な過失により、その保管に係る有価証券、物品若しくは占有動産又はその使用に係る物品を亡失し、又は損傷したときは、原則として、これによって生じた損害を賠償しなければならない。

2　普通地方公共団体の長がした職員に賠償を命じる処分に不服がある者は、都道府県知事がした処分については総務大臣に、市町村長がした処分については都道府県知事に審査請求をすることができるが、いかなる場合においても、異議申立てをすることはできない。

3　職員が損害を賠償しなければならない行為をした場合において、当該損害が2人以上の職員の行為によって生じたものであるときは、当該職員は、当該行為が当該損害の発生の原因となった程度に応じて賠償の責めを負うが、それぞれの職分に応じて賠償の責めを負うことは一切ない。

4　監査委員は、普通地方公共団体の長から請求があったときは、職員が当該普通地方公共団体に損害を与えた事実があるかどうかを監査し、賠償責任の有無及び賠償額のみを決定するだけでなく、期限を定めて賠償を命じなければならない。

5　監査委員が職員に賠償責任があると決定した場合において、普通地方公共団体の長は、当該職員からなされた損害が避けることのできない事故その他やむを得ない事情によるものであることの証明を相当と認めるときは、監査委員の同意を得れば、必ず賠償責任の全部又は一部を免除することができる。

1　正しい（地方自治法第243条の2第1項）。
2　誤り。異議申し立ても出来る（同条第10項）。
3　誤り。それぞれの職分に応じ、賠償の責めに任ずる（同条第2項）。
4　誤り。賠償を命じるのは、長である（同条第3項）。
5　誤り。議会の同意が必要である（同条第8項）。

正答　1

【No.13】 地方自治法に規定する公の施設に関する記述として、妥当なのはどれか。

1 普通地方公共団体は、条例で定める重要な公の施設のうち条例で定める特に重要なものについて、これを廃止するときは議会の同意が必要であるが、条例で定める長期かつ独占的な利用をさせるときは、議会の同意を要しない。
2 公の施設の指定管理者は、公益上必要があると認める場合を除くほか、条例の定めるところにより、当該公の施設の利用料金を定めることができるので、当該利用料金について当該普通地方公共団体の承認を受ける必要はない。
3 普通地方公共団体の長は、公の施設の指定管理者に対して、当該管理の業務又は経理の状況に関し報告を求め、実施について調査することはできるが、必要な指示をすることはできない。
4 普通地方公共団体は、その区域外においても、関係普通地方公共団体との協議により公の施設を設けることができるが、当該協議については、関係普通地方公共団体の議会の議決を経なければならない。
5 普通地方公共団体は、公の施設の利用について、不当な差別的取扱いをしてはならないので、当該普通地方公共団体の住民以外の利用者から当該普通地方公共団体の住民よりも高額の使用料を徴収することは一切できない。

1 誤り。議会において出席議員の3分の2以上の同意が必要である（地方自治法第244条の2第2項）。
2 誤り。当該普通地方公共団体の承認が必要である（同条第9項）。
3 誤り。必要な指示をすることが出来る（同条第10項）。
4 正しい（同法第244条の3第3項）。
5 誤り。他の地方公共団体の住民から、自己の住民とは異なる額の使用料を徴収することも可能と思われる（逐条解説1050ページ）。

正答 4

【No.14】 地方自治法に規定する特別区に関する記述として、妥当なのはどれか。

1 特別区は、特別区の存する区域を通じて都が一体的に処理するものとされているものを除き、市町村が処理するものとされている事務を処理するものとされ、地方自治法において普通地方公共団体に区分される。

2 都知事及び特別区の区長をもって組織される都区協議会は、都と特別区の協議により規約に基づいて設置される任意の協議会であって、法律上設置を義務付けられたものではない。

3 都区協議会は、都及び特別区の事務の処理について、都と特別区の間の連絡調整を図るために設置されるものであり、特別区相互間の連絡調整を図るために設置されるものではない。

4 都知事は、特別区に対し、都と特別区及び特別区相互の間の調整上、特別区の事務の処理について、その処理の基準を示す等必要な助言又は勧告をすることができる。

5 市町村の廃置分合又は境界変更を伴わない特別区の廃置分合又は境界変更は、関係特別区の申請に基づき、内閣が国会の承認を経てこれを定めなければならない。

1 誤り。特別地方公共団体である（地方自治法第1条の3第3項）。
2 誤り。都区協議会は法律で設置されている（同法第282条の2第1項）。
3 誤り。都と特別区及び特別区相互間の連絡調整を図ることを目的とする（同条第1項）。
4 正しい（同法第281条の7）。
5 誤り。都知事が都議会の議決を経て定めなければならない（同法第281条の4第1項）。

正答 4

【No.15】 地方公務員法に規定する欠格条項に関する記述として、妥当なのはどれか。

1　地方公共団体で懲戒免職の処分を受け、当該処分の日から2年を経過していない者は、処分を受けた地方公共団体以外の地方公共団体であっても、一般職の職員となることができない。

2　人事委員会の委員の職にあって、採用試験の受験を阻害したことにより、懲役刑に処せられた者は、地方公共団体の一般職の職員となることができないが、罰金刑に処せられた場合は、いかなる場合であっても職員となることができる。

3　禁錮以上の刑に処せられ、その刑の執行猶予中の者を誤って一般職の職員として採用した場合、その採用は当然に無効であり、採用後その者が職員として行った行為が有効となることは一切ない。

4　破産宣告を受けた者は、欠格条項に該当するので、その者を一般職の職員として正式に任用することはできず、職員となった後にこの宣告を受けた者は、当然にその職を失う。

5　成年被後見人又は被保佐人は、どちらも欠格条項に該当するので、地方公共団体の一般職の職員となり、又は地方公共団体の競争試験若しくは選考を受けることができない。

1　誤り。他の地方公共団体であれば可（行実昭和26.2.1）。
2　誤り。罰金刑も該当（地公法第16条第4号、第61条第3号）。
3　誤り。その者の行った行為は、事実上の公務員の理論により有効（行実昭41.3.31）。
4　誤り。破産宣告を受けたことは欠格条項に該当しない（地公法第16条各号）。
5　正しい（地公法第16条第1号）。

正答　5

【No.16】 地方公務員法に規定する職階制に関する記述として、妥当なのはどれか。

1 職階制の実施は、人事委員会を置く地方公共団体に義務づけられているので、人事委員会を置かない地方公共団体が、職務分類制度を実情に応じて採用することはできない。
2 職階制に関する計画は条例で定めなければならないが、職階制に関する計画の実施に関し必要な事項は当該条例に基づき人事委員会規則で定める。
3 職階制を採用する地方公共団体においては、職員の職について、職階制によらない分類をすることができないので、行政組織の運営その他公の便宜のために、組織上の名称又はその他公の名称を用いることができない。
4 職階制はアメリカで発達した制度であり、我が国でも地方公務員法に採用され、その後全ての地方公務員に対して完全に実施された。
5 人事委員会を置く地方公共団体において、県費負担教職員には都道府県が定める職階制は適用されないが、地方公営企業の職員及び単純労務職員には地方公務員法に基づく職階制が適用される。

1 誤り。職務分類制度の採用は可（行実昭27.5.6）。
2 正しい（地公法第23条第2項、第3項）。
3 誤り。妨げるものではない（地公法第23条第8項）。
4 誤り。実施されていない。
5 誤り。適用されない（地方公営企業法第39条第1項、地公法第57条）。

正答　2

【No.17】 地方公務員法に規定する分限処分に関する記述として、妥当なのはどれか。

1 職員の意に反する降任、免職、休職及び降給の手続及び効果は、条例に特別の定めがある場合を除くほか、人事委員会規則で定めなければならない。
2 任命権者は、職員が、心身の故障のため長期の休養を要する場合においては、その意に反して、当該職員を降任し、又は免職することができる。
3 任命権者は、収賄事件で起訴された職員に対して、分限休職と分限降任の二つの処分を併せて行うことはできない。
4 職員は、地方公務員法で定める事由による場合でなければ、その意に反して、免職されず、条例で定める事由による場合でなければ、その意に反して、降任されることがない。
5 職員が採用される以前に刑事事件に関し起訴されているにもかかわらず、その事実を知らずに採用し、後において起訴の事実を知った任命権者は、当該職員を休職処分にすることができる。

1 誤り。法律に特別の定めがある場合を除くほか、条例で定めなければならない（地公法第28条第3項）。
2 誤り。休職することが出来る（地公法第28条第2項第1号）。
3 誤り。二つの処分を併せて行うことは可能（行実昭43.3.9）。
4 誤り。法に定める事由により降任される（地公法第28条第1項）。
5 正しい（行実昭37.6.14）。

正答 5

【No.１８】 地方公務員法に規定する秘密を守る義務に関する記述として、妥当なのはどれか。

1 職員は、秘密を守る義務に違反して職務上知り得た秘密を漏らしてはならないが、その職を退いた後は、秘密を守る義務は課されない。
2 職員は、職務上知り得た秘密を漏らしてはならないが、職務上知り得た秘密とは、職員の職務上の所管に属する秘密に限定され、職務上の所管に属さない個人的な秘密が含まれることはない。
3 職員は、法令による証人、鑑定人となり、職務上の秘密に属する事項を発表する場合においては、任命権者の許可を受けなければならないが、任命権者は、法律に特別の定めがある場合を除くほか、当該許可を拒むことができない。
4 秘密を守る義務に違反して職務上知り得た秘密を漏らした職員は、刑罰の対象となるが、当該秘密を漏らすようにそそのかした者は、刑罰の対象となることはない。
5 人事委員会の権限によって行われる調査、審理に関して、職員が職務上の秘密に属する事項を発表する場合には、任命権者の許可を受ける必要はない。

1 誤り。退職した職員についても適用される（地公法第34条第１項）。
2 誤り。所管外でも職務上知り得た秘密は含む（行実昭30.2.18）。
3 正しい（地公法第34条第２項、第３項）。
4 誤り。そそのかすことも刑罰対象となる（地公法第62条）。
5 誤り。許可を必要とする（行実昭26.11.30）。

正答 3

【No.19】 地方公務員法に規定する勤務条件に関する措置の要求に関する記述として、妥当なのはどれか。

1 勤務条件に関する措置の要求は、職員に限り認められるものなので、職員の個々が共同して要求することはできるが、職員団体が要求することはできない。
2 勤務条件に関する措置の要求は、現に適用されている制度の改廃又はその運用に伴う勤務条件の改善を求めるものであるので、職員が現在の勤務条件を変更しないように求めることはできない。
3 勤務条件に関する措置の要求の対象に服務に関することは一切含まれないため、服務に関することが同時に給与、勤務時間その他の勤務条件に関するものであっても措置の要求の対象となることはない。
4 勤務条件に関する措置の要求について、他の職員から委任を受けた職員が、民法上の代理権の授受に基づいて行う代理行為は、一切認められない。
5 人事委員会が既に判定を下した事案とその要求の趣旨及び内容が同一と判断される事項を対象として同一人から再び措置の要求が提起された場合は、一事不再理の原理を適用して措置の要求を却下することができる。

1 正しい（行実昭26.11.21）。
2 誤り。現行勤務条件の不変更は要求可能（行実昭33.11.17）。
3 誤り。対象となる（行実昭27.4.2）。
4 誤り。代理行為は認められる（行実昭32.3.1）。
5 誤り。一事不再理の原理を適用することは出来ない（行実昭34.3.5）。

正答 1

【No.20】 地方公務員法に規定する職員団体と地方公共団体の当局との交渉に関する記述として、妥当なのはどれか。

1 職員団体と地方公共団体の当局との交渉において、他の職員の職務の遂行を妨げ、又は地方公共団体の事務の正常な運営を阻害することとなったときは、あらかじめ取り決めた交渉時間内であっても、当局は交渉を必ず打ち切らなければならない。

2 職員団体は、法令、条例、地方公共団体の規則及び地方公共団体の機関の定める規程に抵触しない限りにおいて、当該地方公共団体の当局との書面による団体協約を締結することができる。

3 職員団体と地方公共団体の当局との適法な交渉は、勤務時間中においても行うことができると規定されているため、職員団体が指名した職員の職務に専念する義務は当然に免除されるので、権限を有する者の承認を得る必要はない。

4 職員団体は、特別の事情があるとき、代表して交渉にあたる者として、役員以外の者を指名することができるが、その指名を受けた者は、当該交渉の対象である特定の事項について交渉する適法な委任を当該職員団体の執行機関から受けたことを文書によって証明できる者でなければならない。

5 職員団体と地方公共団体の当局との交渉に当たっては、職員団体と当局の間において、議題、時間、場所についてあらかじめ取り決める必要はあるが、交渉に当たる者の員数と代表者の氏名についてはあらかじめ取り決める必要はない。

1 誤り。打ち切ることが出来る（地公法第55条第7項）。
2 誤り。団体協約締結の権限はない（地公法第55条第2項）。
3 誤り。承認を得なければならない（行実昭41.6.21）。
4 正しい（地公法第55条第6項）。
5 誤り。員数はあらかじめ取り決めておく必要がある（地公法第55条第5項）。

正答 4

【No.21】 行政法学上の法の一般原則に関するA～Dの記述のうち、最高裁判所の判例に照らして、妥当なものを選んだ組合せはどれか。

A 法律による行政の原理なかんずく租税法律主義の原則が貫かれるべき租税法律関係においては、租税法規の適用における納税者間の平等、公平という要請を犠牲にしてもなお納税者の信頼を保護しなければ正義に反するといえるような特別の事情が存しなくても、租税法規に適合する課税処分について、信義則の法理の適用により違法なものとして取り消すことができる。

B 公務員の退職願の撤回は、免職辞令の交付があるまでは、原則として自由であるが、辞令交付前においても、これを撤回することが信義に反すると認められるような特段の事情がある場合には、撤回は許されない。

C 個室付浴場業の開業を阻止することを主たる目的としてされた知事の児童遊園設置認可処分は、たとえ当該児童遊園がその設置基準に適合しているものであるとしても、行政権の著しい濫用によるものとして違法である。

D 地方公共団体が社会情勢の変動等に伴って工場誘致施策を変更したときは、誘致の相手方に対して損害を補償するなどの代償的措置を講ずることなく施策を変更することがやむを得ない客観的事情によるものであっても、地方公共団体の不法行為責任を生ぜしめるものといわなければならない。

1 A B
2 A C
3 A D
4 B C
5 B D

A 誤り。特別な事情が存する場合に信義則の適用の是非を考える（最高裁判例昭62.10.30）。
B 正しい（最判昭34.6.26）。
C 正しい（最判昭53.5.26）。
D 誤り。客観的事情によるものでない限り、不法行為責任を生ぜしめる（最判昭56.1.27）。

正しい組み合わせはBとC。よって正答は4。

正答 4

【No.22】 行政法学上の行政行為の公定力に関する記述として、判例、通説に照らして、妥当なのはどれか。

1 行政行為の公定力とは、違法な行政行為によって権利利益を侵害された者であっても、不服申立期間や出訴期間を経過してしまうと、当該行政行為の違法を主張して取消しを求めることができなくなる効力をいう。
2 行政行為の公定力については、実定法上の根拠が存在するので、行政行為の効力は取消訴訟の手続によらなければ争うことができないとする、取消訴訟の排他的管轄にその根拠を求めることは一切できない。
3 行政行為には公定力があるので、行政行為に重大かつ明白な瑕疵があり無効とされる場合であっても、取消訴訟によってその効力が取り消されるまでは、当該行政行為の効力が及ぶ。
4 行政行為の公定力は、違法な行政行為によって損害を受けた者が国家賠償法に基づいて行う損害賠償請求には及ばないので、裁判所が判決で行政行為を違法として損害賠償を認めても、当該行政行為の効力は否認されない。
5 行政行為の公定力とは、行政行為により命ぜられた義務を国民が履行しない場合に、行政庁が裁判判決を得ることなく、当該行政行為自体を法的根拠として、義務者に対して自力で強制執行を行うことができる効力をいう。

1 誤り。不可争力の説明である。
2 誤り。取り消し訴訟の排他的管轄に根拠を求めることが出来る。
3 誤り。重大かつ明白な瑕（か）疵（し）があり無効の場合、公定力は認められない。
4 正しい。国家賠償請求訴訟の提起と行政行為の効果は直接関係がない。
5 誤り。自力執行力の説明である。

正答 4

【No.23】 行政法学上の行政裁量に関するA～Dの記述のうち、最高裁判所の判例に照らして、妥当なものを選んだ組合せはどれか。

A 裁判所が懲戒権者の裁量権の行使としてされた公務員に対する懲戒処分の適否を審査するにあたっては、懲戒権者と同一の立場に立って、懲戒処分をすべきであったかどうか又はいかなる処分を選択すべきであったかについて判断し、その結果と当該処分とを比較してその軽重を論ずべきである。

B 信仰上の理由により剣道実技の履修を拒否した学生に対して、正当な理由のない履修拒否と区別することなく、また、レポート提出等の代替措置について何ら検討することもなく、原級留置処分及び退学処分とした公立高等専門学校の校長の措置は、裁量権の範囲を超える違法なものである。

C 原子炉施設の安全性に関する判断の適否が争われる原子炉設置許可処分においては、行政庁の判断が、原子力委員会若しくは原子炉安全専門審査会の専門技術的な調査審議及び判断を基にしてなされるものである限り、当該行政庁の処分が裁判所の審理、判断の対象となることはない。

D 転回禁止区域において転回したタクシーの運転手に対して公安委員会がした自動車運転免許取消処分は、さきの免許停止処分の期間満了の日から起算して1年以内になされたものであり、しかも当該運転手には違反歴がある等、種々の事情を勘案したうえで道路交通取締法等に基づいて行った法令の範囲内における適正な裁量権の行使であって、違法と解すべきではない。

1　A　B
2　A　C
3　A　D
4　B　C
5　B　D

A　誤り（最判昭52.12.20）。
B　正しい（最判平8.3.8）。
C　誤り。行政庁の判断に不合理な点があるか否かが対象となる（最判平4.10.29）。
D　正しい（最判昭39.6.4）。
　正しい組み合わせはBとD。よって正答は5。

正答　5

【No.24】 行政法学上の行政行為の取消しに関する記述として、判例、通説に照らして、妥当なのはどれか。

1 行政行為の取消しとは、いったんは瑕疵なく成立した行政行為の効力を以後の事情の変化によりこれ以上維持することが妥当でないと判断される場合に、処分庁が職権によりその効力を失効させることをいう。

2 瑕疵ある行政行為を処分庁が自ら取り消す場合は、法律による行政の原理から、取消しについて法律による特別の根拠が必要である。

3 行政庁は、行政行為が違法であった場合には、当該行政行為を取り消すことができるが、行政行為が不当にとどまる場合には、当該行政行為を取り消すことができない。

4 瑕疵ある行政行為の取消しの効果は、取消しの原因が処分の相手方の責に帰すべき場合を除き、原則として将来に向かってのみ発生する。

5 行政行為に瑕疵があっても、当該行政行為が不服申立てその他行政審判などの争訟裁断手続を経て発せられたものである場合には、特別の規定がない限り、裁決庁自体が当該行政行為を職権で取り消すことはできない。

1 誤り。撤回の説明である。
2 誤り。法律による特別の根拠は不要である。
3 誤り。不当な場合も取り消すことが出来る。
4 誤り。成立にさかのぼって効力を消滅させる。
5 正しい。

正答 5

【No.２５】 行政法学上の行政立法に関する記述として、最高裁判所の判例に照らして、妥当なのはどれか。

1　都市計画区域内において工業地域を指定する決定は、当該地域内の土地所有者等に建築基準法上新たな制約を課すものであり、個人に対する具体的な権利侵害を伴う処分があったものとして、直接これを抗告訴訟により争うことができる。

2　物品税法上の遊戯具に含まれないとして従来物品税が課税されていなかったパチンコ球遊器について、通達を機縁として課税されるようになったのは、通達の内容が法の正しい解釈に合致するものであっても、違法である。

3　農地法は、農地の売払いの対象を定める基準を政令に委任しているため、農地法が売払いの対象として予定している農地を売払いの対象から除外する政令の規定は有効である。

4　道路運送法に定める一般乗用旅客自動車運送事業である個人タクシー事業の免許の審査にあたり、多数者のうちから少数特定の者を選択して免許を与える場合の審査基準は、正規の行政立法ではなく行政庁の内部的な規範に過ぎないので、行政庁は、この基準を設定する必要はない。

5　政治的行為の制限を規定した人事院規則の規定は、国家公務員法に基づいて、一般職に属する国家公務員の職責に照らして必要と認められる政治的行為の制限を規定したものであり、国家公務員法の規定によって委任された範囲を逸脱したものではない。

1　誤り。この決定をもって、直ちに抗告訴訟を肯定するものではない（最判昭57.4.22）。
2　誤り（最判昭33.3.28）。
3　誤り。法の委任の範囲を超え無効である（最判昭46.1.20）。
4　誤り。内部的な審査基準を設定し、合理的に適用すべきである（最判昭46.10.28）。
5　正しい（最判昭49.11.6）。

正答　5

【No.26】 行政法学上の行政計画に関する記述として、妥当なのはどれか。

1 行政計画の種類を内容の具体性を基準にして分類すると、行政の目標を示す目標計画と、事業の具体的内容を示す実施計画に分けられるが、実施計画の例としては、マスター・プランがある。

2 行政計画の種類を法律上の拘束力の有無を基準にして分類すると、非拘束的計画と拘束的計画に分けられるが、拘束的計画の例としては、都市計画や土地区画整理事業の事業計画がある。

3 行政計画の種類を法律の根拠の有無を基準にして分類すると、法制上の計画と事実上の計画に分けられるが、事実上の計画の例としては、政府が定める環境基本計画がある。

4 行政計画の策定に関して行政手続法は、行政庁の恣意を防止し行政計画の正当性を確保するため、意見書の提出や公聴会の開催及び審議会への諮問といった一般的手続を定めている。

5 行政計画は、実質的に行政活動のみならず民間活動をも指導・誘導する作用を果たしているので、民意を反映させるためにも、必ず地方公共団体の議会の議決を経なければならない。

1 誤り。
2 正しい。
3 誤り。環境基本計画は、環境基本法を根拠規定とする計画である。
4 誤り。行政手続法には、計画策定手続きに関する規定はない。
5 誤り。

正答 2

【No.27】 行政法学上の行政刑罰に関するA～Dの記述のうち、判例、通説に照らして、妥当なものを選んだ組合せはどれか。

A　行政刑罰は、行政上の義務を履行させる必要がある場合においては、同一の事実に対し目的を達するまで繰り返し科すことができる。

B　行政刑罰は、刑法に刑名のある刑罰であり、法令に特別の規定のある場合のほかは、刑法総則が適用される。

C　行政刑罰は、行政上の義務違反行為に対する制裁を目的として行われる処罰であって、その威嚇効果が間接的に強制的効果を伴う場合があるが、行政刑罰自体が直接に行政上の強制手段であるわけではない。

D　行政刑罰は、行政上の秩序に障害を与える危険がある義務違反に対して科される罰であり、法律違反に対して科される過料がこれに含まれる。

1　A　B
2　A　C
3　A　D
4　B　C
5　B　D

A　誤り。繰り返し科すことは出来ない。
B　正しい。
C　正しい。
D　誤り。行政上の秩序罰の説明である。
　正しい組み合わせは、BとC。よって正答は4。

正答　4

【No.28】 行政手続法に規定する申請に対する処分に関する記述として、妥当なのはどれか。

1 行政庁は、申請が事務所に到達してから当該申請に対する処分をするまでに通常要すべき標準的な期間を定める義務があり、事務所において適当な方法により公にするよう努めなければならない。
2 行政庁は、申請が形式上の要件に適合しない場合には、速やかに、申請をした者に対し相当の期間を定めて当該申請の補正を求めなければならず、当該申請により求められた許認可等を拒否することはできない。
3 行政庁は、申請により求められた許認可等を拒否する処分を書面でする場合は、申請者に対し、同時に、当該処分の理由を書面により示さなければならない。
4 行政庁は、申請者の求めに応じ、当該申請に係る審査の進行状況及び当該申請に対する処分の時期の見通しを示さなければならないが、申請書の記載及び添付書類に関する事項その他の申請に必要な情報を提供する必要はない。
5 行政庁は、申請者以外の者の利害を考慮すべきことが法令において許認可等の要件とされている処分を行う場合には、必ず、公聴会の開催その他の適当な方法により当該申請者以外の者の意見を聴く機会を設けなければならない。

1 誤り。標準処理期間の策定は努力義務である（行政手続法第6条）。
2 誤り。補正要求または拒否処分をしなければならない（手続法第7条）。
3 正しい（手続法第8条）。
4 誤り。進行状況等の見通しを示すことも、申請に必要な情報を提供することも努力義務である（手続法第9条）。
5 誤り。必要に応じ機会を設けるよう努めなければならない（手続法第10条）。

正答 3

【No.29】 行政事件訴訟法に規定する取消訴訟に関する記述として、妥当なのはどれか。

1 裁判所は、処分をした行政庁以外の行政庁を訴訟に参加させることが必要であると認めるときは、職権でその行政庁を訴訟に参加させることができるが、その行政庁の申立てによっては、訴訟に参加させることはできない。
2 処分の執行停止の申立てがあった場合には、内閣総理大臣は、裁判所に対し、理由を付して異議を述べることができるが、執行停止の決定があった後においても同様に異議を述べることができる。
3 取消訴訟は、被告の普通裁判籍の所在地を管轄する裁判所に提起しなければならないが、国を被告とする場合には、必ず原告の普通裁判籍の所在地を管轄する高等裁判所に提起しなければならない。
4 取消訴訟は、処分又は裁決の日から1年を経過したときは、いかなる理由があっても提起することはできない。
5 処分を取り消す判決は、その事件について処分をした行政庁その他の関係行政庁を拘束するが、第三者に対して効力を有することはない。

1 誤り（行政事件訴訟法第23条）。
2 正しい（訴訟法第27条）。
3 誤り。後段は高等裁判所の所在地を管轄する地方裁判所にも提起できる（訴訟法第12条）。
4 誤り。正当な理由がある時は、この限りではない（訴訟法第14条）。
5 誤り。第三者にも効力を有する（訴訟法第32条）。

正答　2

【No.30】 行政事件訴訟法に規定する特別の事情による請求の棄却（事情判決）に関するA～Dの記述のうち、妥当なものを選んだ組合せはどれか。

A 裁判所は、相当と認めるときは、終局判決前に、判決をもって、処分が違法であることを宣言することができる。

B 事情判決が確定した場合、処分の違法性について既判力が生じるので、被告行政の側は、後訴の国家賠償請求訴訟において、当該処分が適法であることの主張ができない。

C 事情判決においては、処分を取り消すことにより公の利益に著しい障害を生ずる場合であっても、裁判所は、原告の受ける損害の程度及びその損害の賠償のみを考慮すればよい。

D 事情判決の場合、形式上は原告の敗訴となるので、原告からは上訴することができるが、被告からは上訴することが一切できない。

1　A　B
2　A　C
3　A　D
4　B　C
5　B　D

A　正しい。
B　正しい。
C　誤り。
D　誤り。被告も不服があれば上訴できる。
　正しい組み合わせは、AとB。よって正答は1。

正答　1

【No.31】 行政不服審査法に規定する不服申立てに関する記述として、妥当なのはどれか。

1 行政不服審査法にいう処分には、当該法律に特別の定めがある場合を除くほか、公権力の行使に当たる事実上の行為で、人の収容、物の留置その他その内容が継続的性質を有するものが含まれる。

2 行政庁の不作為について、当該不作為に係る処分その他の行為を申請した者は、当該不作為庁の直近上級行政庁に対する審査請求をすることができるときは、異議申立てをすることができない。

3 処分に対する不服申立ては、異議申立前置主義を採用しているため、異議申立てをすることができる場合には、異議申立てについての決定を経た後でなければ、審査請求をすることが一切できない。

4 審査庁は、審査請求人若しくは参加人の申立てにより又は職権で、書類その他の物件の所持人に対し、その物件の提出を求めることができるが、その提出された物件を留め置くことはできない。

5 行政不服審査法は執行不停止を原則とし、処分庁の上級行政庁である審査庁は、必要があると認めるときは、審査請求人の申立てにより執行停止をすることはできないが、職権により執行停止をすることはできる。

1 正しい（行政不服審査法第2条）。
2 誤り。異議申立てまたは審査請求のいずれかをすることが出来る（審査法第7条）。
3 誤り（審査法第6条）。
4 誤り（審査法第28条）。
5 誤り（審査法第34条）。

正答 1

【No.32】 行政法学上の行政行為の分類又は効力に関する記述として、判例、通説に照らして、妥当なのはどれか。

1 公証には、特定の事実又は法律関係の存在を公に証明する行為である不動産登記簿への登記や選挙人名簿への登録がある。

2 許可には、人が生まれながらには有していない新たな権利を特定人に付与する行為である道路の占用許可や鉱業権設定の許可がある。

3 特許には、すでに法令又は行政行為によって課されている一般的禁止を、特定の場合に解除する行為である風俗営業の許可や自動車の運転免許がある。

4 最高裁判所の判例では、食品衛生法は単なる取締法規にすぎないが、食品衛生法による食肉販売の営業許可を受けない者のした食肉の買入契約は、私法上の効力に消長(しょうちょう)を及ぼし、無効であるとした。

5 最高裁判所の判例では、知事の許可を得ることを条件としてした農地の売買契約は停止条件を附したものであり、農地の売主が故意に知事の許可を得ることを妨げたときは、農地所有権移転の効力は生じるとした。

1 正しい。
2 誤り。特許の説明である。
3 誤り。許可の説明である。
4 誤り。無許可の行為も私法上の効力は発生する（最判昭35.3.18）。
5 誤り（最判昭36.5.26）。

正答 1

【No.33】 行政法学上の損失補償に関する記述として、判例、通説に照らして、妥当なのはどれか。

1 消防活動に際して、延焼のおそれがある消火対象物に対して、消火、延焼の防止、人命の救助のためになされる緊急の処分については、公共のための犠牲と考えられるから、いかなる場合であっても損失補償が必要である。

2 公共の用に供するために財産権を収用ないし制限された者は、法律に補償の規定がない場合は、それが社会生活において一般に要求される受忍の限度を超えるほど本質的なもので、かつ平等原則に反する個別的な負担であっても、直接憲法の規定を援用して補償を請求することはできない。

3 土地の収用における損失の補償は、収用の対象となった権利に対する補償がその内容であるので、移転料や営業上の損失など収用に伴い通常受ける付随的損失については、損失補償の対象とならない。

4 最高裁判所の判例では、福原輪中堤は歴史的、社会的、学術的価値を内包しているが、それ以上に本件堤防の不動産としての市場価格を形成する要素となり得るような価値を有するというわけでないことは明らかであるから、かかる価値は補償の対象となり得ないというべきであるとした。

5 最高裁判所の判例では、倉吉市の都市計画の街路用地の収用において、土地収用法における損失の補償は、その収用によって当該土地の所有者等が被る特別な犠牲の回復を図ることを目的とするものではないので、収用の前後を通じて被収用者の財産価値を等しくするような完全な補償である必要はないとした。

1 誤り。延焼の恐れのある消火対象物には損失補償は不要である（最判昭47.5.30）。
2 誤り。直接、憲法29条3項に基づく補償請求が出来る。
3 誤り。付随的損失も補償の対象となる。
4 正しい（最判昭63.1.21）。
5 誤り。完全な補償をすべきである（最判昭48.10.18）。

正答　4

【No.34】 国家賠償法に関する記述として、判例、通説に照らして、妥当なのはどれか。

1 損害賠償の対象となる公権力の行使には、国会による立法権の行使や裁判所による司法権の行使、検察官・警察官による犯罪の捜査が該当することはない。
2 国又は公共団体は、被害者に損害賠償をした場合において、違法に他人に損害を加えた公務員に故意又は重大な過失があったときには、その公務員に対して必ず求償権を行使しなければならない。
3 国家賠償法は、外国人が被害者である場合には、相互の保証があるときに限り、適用することができる。
4 権力的な行政の権能を委任されている民間人が、その権限を行使する場合において、国家賠償法が適用されることはない。
5 公務員の公権力の行使のうち国家賠償の対象となるのは、行政行為、強制執行、即時強制などの本来的な権力的行政作用に限られ、行政指導や国公立学校での教育活動がその対象になることはない。

1 誤り。公権力は行政権だけではない。
2 誤り。故意または重大な過失がある場合は求償権を有する。
3 正しい。相互保証主義による。
4 誤り。権力的な行政権能を委任されている民間人も、国家賠償法上の公務員に含まれる。
5 誤り（最判昭62.2.6）。

正答 3

【No.35】 行政法学上の行政調査に関する記述として、判例、通説に照らして、妥当なのはどれか。

1 最高裁判所の判例では、警察官が行う自動車の交通違反の予防、検挙を目的とする一斉検問について、それが相手方の任意の協力を求める形で行われ、自動車の利用者の自由を不当に制約することにならない方法、態様で行われる限り、適法であるとした。
2 最高裁判所の判例では、警察官が、覚せい剤の使用ないし所持の容疑がかなり濃厚に認められる者に対して職務質問中、その者の承諾がないのに、ポケットに手を差し入れて所持品を取り出したうえ検査した行為は、プライバシーの侵害に当たらない適法な行為であるとした。
3 行政調査では、家宅等に入って自由に調査をするということはプライバシーの侵害の度合いが高いので、その手続に制約が課されており、事前に相手方に対して調査目的、日程、対象などを告知することが常に必要である。
4 行政調査とは、相手方の任意の協力を得て行われる任意調査のことをいい、相手方に義務を課す強制調査や罰則により担保された間接強制を伴う調査は、行政調査にあたらない。
5 行政調査は、その調査を基礎としてなされた行政行為とは独立しているので、行政調査が違法であったときでも、その結果行われた行政行為の違法を構成することは一切ない。

1 正しい（最判昭55.9.22）。
2 誤り。許容限度を逸脱しており違法である（最判昭53.9.7）。
3 誤り。事前通知等は法律上一律の要件とされていない（最判昭48.7.10）。
4 誤り。強制調査や間接強制を伴う調査も含む。
5 誤り。行政調査の瑕疵が行政行為の効果に影響を与えるかについては、解釈が分かれており、違法性が一切ないとは言えない。

正答 1

【No.36】 行政機関の保有する個人情報の保護に関する法律に関する記述として、妥当なのはどれか。

1 日本に居住する外国人は、行政機関の長に対し、当該行政機関の保有する自己を本人とする保有個人情報の開示を請求することができるが、外国に居住する外国人は、請求することができない。
2 自己を本人とする保有個人情報の訂正を請求する者は、行政機関の長に訂正請求書を提出しなければならないが、その訂正請求書には、訂正請求の趣旨及び理由を記載する必要はない。
3 行政機関の長は、開示請求に係る保有個人情報が存在しているか否かを答えるだけで、不開示情報を開示することとなるときは、当該保有個人情報の存否を明らかにしないで、当該開示請求を拒否することができる。
4 開示請求に係る保有個人情報に第三者に関する情報が含まれているときは、行政機関の長は、開示決定等をするに当たって、当該情報に係る第三者に対し、いかなる場合であっても、意見書を提出する機会を与えなければならない。
5 開示決定、訂正決定又は利用停止決定について、行政不服審査法による不服申立てがあったときは、当該不服申立てに対する裁決又は決定をすべき行政機関の長は、必ず情報公開・個人情報保護審査会に諮問しなければならない。

1 誤り。何人も自己を本人とする保有個人情報の開示を請求できる（行政機関情報公開法第12条）。
2 誤り（公開法第28条）。
3 正しい（公開法第17条）。
4 誤り。機会を与えることが出来る（公開法第23条）。
5 誤り。不服申し立てが不適当で却下する場合等を除く（公開法第42条）。

正答 3

【No.37】 財政法に規定する予算に関するA～Dの記述のうち、妥当なものを選んだ組合せはどれか。

A 歳入歳出予算は、その収入又は支出に関係のある部局等の組織の別に区分し、歳入にあっては、その性質に従って部に大別し、かつ、各部中においてこれを款項に区分し、歳出にあっては、その目的に従って項に区分しなければならない。

B 繰越明許費は、歳出予算の経費のうち、予算成立後の事由に基づき年度内にその支出を終わらない見込みのあるものについて、翌年度に繰り越して使用することができる経費であり、国会の議決を経る必要はない。

C 継続費は、工事、製造その他の事業で、その完成に数年度を要するものについて、経費の総額及び年割額を定め、あらかじめ国会の議決を経て、その議決するところに従い、数年度にわたって支出することができる経費である。

D 国庫債務負担行為は、事項ごとに、その必要の理由を明らかにし、かつ、行為をなす年度及び借入金の借入の限度額を明らかにし、必ず国会の議決を必要とする。

1　A　B
2　A　C
3　A　D
4　B　C
5　B　D

A　正しい。
B　誤り。繰越明許費は、あらかじめ国会の議決を経る必要がある。
C　正しい。
D　誤り。国庫債務負担行為で明らかにすることとなっているのは、借入金及び借入金の限度額でなく、行為をなす年度及び債務負担の限度額である。
正しい組み合わせはAとC。よって正答は2。

正答　2

【No.３８】 地方税法に規定する法定外普通税又は法定外目的税に関する記述として、妥当なのはどれか。
1 市町村は、法定外普通税の新設をしようとする場合においては、あらかじめ、都道府県知事に協議し、その同意を得なければならない。
2 市町村は、法定外目的税の新設をしようとする場合においては、あらかじめ、総務大臣に協議し、その同意を得なければならない。
3 市町村は、当該市町村外に所在する事務所及び事業所において行われる事業並びにこれらから生ずる収入に対して、法定外普通税を課することができる。
4 市町村は、当該市町村の区域外に所在する土地、家屋、物件及びこれらから生ずる収入に対して、法定外目的税を課することができる。
5 市町村は、当該市町村の条例で定める特定の費用に充てるため、法定外普通税を課することができる。

1 誤り。市町村が法定外普通税を新設しようとする時は、総務大臣に協議し、その同意を得なければならない（地方税法第669条）。
2 正しい。
3 誤り。問題文の記述から生ずる収入に対して、法定外普通税を課することが出来ない（地方税法第672条）。
4 誤り。問題文の記述から生ずる収入に対して、法定外目的税を課することは出来ない（地方税法第733条の２）。
5 誤り。問題文の記述は法定外目的税である。

正答　2

【No.39】 純粋公共財に関するA～Dの記述のうち、妥当なものを選んだ組合せはどれか。

A　純粋公共財は、対価を支払わない者の消費を排除することが可能であり、ただ乗り問題が生じることはない。
B　純粋公共財とは、市場で供給が不可能な財であり、国防や警察がある。
C　純粋公共財においては、ある人が財を消費した場合には、他の人の全く同じ財の消費を減少させる。
D　純粋公共財は、全ての人々に無差別に利益が及ぶ、100％の外部性を持つ財である。

1　A　B
2　A　C
3　A　D
4　B　C
5　B　D

A　誤り。純粋公共財は、非排除性があることから、対価を払わない者の消費を排除することが出来ない。
B　正しい。
C　誤り。純粋公共財は、非競合性があることから、ある人が財を消費した場合でも、他人の同じ財の消費を減少させることはない。
D　正しい。
　正しい組み合わせはBとD。よって正答は5。

正答　5

【No.40】 地方公会計制度において、総務省から示された基準モデル又は総務省方式改訂モデルの財務書類4表に関する記述として、妥当なのはどれか。

1 地方公共団体は、必ず、基準モデル又は総務省方式改訂モデルのいずれかに基づいて財務書類4表を作成し、公表することが法律により義務づけられている。
2 基準モデルに基づく財務書類4表の作成は、既存の決算統計情報を活用して作成することが認められているため、開始貸借対照表の整備が比較的容易であるなどの特徴がある。
3 総務省方式改訂モデルに基づく財務書類4表の作成では、資産の有効活用等の目的達成のため、売却可能資産から優先して固定資産台帳を整備することとされている。
4 総務省方式改訂モデルは、基準モデルを導入するまでの間の簡易的な作成方法であり、地方公共団体が加入している一部事務組合や広域連合などを含む連結財務書類4表は、必ず、基準モデルにより作成しなければならない。
5 新地方公会計制度研究会報告書によって提示された財務書類4表とは、貸借対照表、業務費用計算書、資産・負債差額増減計算書、区分別収支計算書である。

1 誤り。法律により義務付けられているわけではない。
2 誤り。既存の決算統計情報を活用して作成することが出来るのは、総務省方式改定モデルである。
3 正しい。
4 誤り。総務省改訂方式は、決算統計情報を活用することを認められることなどから、導入が容易である方式であり、基準モデルが導入されるまでの間の簡易的なものではない。また、一部事務組合や広域連合などを含むものであっても、必ず基準モデルにより作成しなければいけないものではない。
5 誤り。財務書類4表は貸借対照表、行政コスト計算書、資金収支計算書、純資産変動計算書である。

正答 3

§5 平成26年度

択一式問題　Ⅰ類事務・技術

地方自治制度
　出題数は14問で、内容としては、総則から1問、条例及び規則から1問、議会から4問、執行機関から3問、給与その他の給付から1問、財務から2問、公の施設と地方公共団体の組合から各1問となっている。
　出題は、ほとんどが条文や行政実例から出ており、例年通りオーソドックスな内容となっていた。ただし、一部の選択肢の中には、『逐条地方自治法』（学陽書房）を確認しないと正誤の判断が出来ないものもあった。

地方公務員制度
　出題数は例年通り6問だった。設問については、昨年度の「職階制」のような、これまで出題されなかった意外な分野からの出題もなく、条文や行政実例を基本に、問題集等による事前学習できちんと基礎を固めていれば、十分解答できる内容であると言える。

行政法
　出題数は従来と同様、16問で最も出題が多い分野だった。比較的オーソドックスな内容だったが、条文、判例、行政実例などの細かな内容を問う設問も見られ、これらの正確な理解が高得点に結び付くのではないかと推測される。

財政学・地方財政制度
　例年と同様、出題数は4問だった。地方債、地方財政計画、ビルト・イン・スタビライザーに関する出題は、基本的な設問だったため、正確な知識の理解が得点のポイントとなる。地方税に関する出題は、特別区の歳入に影響を及ぼす重要な課題に関する認識を問う設問だった。

26年度　Ⅰ類択一式問題の正答

分野	問題	正答	出題内容
地方自治制度	No.1	3	地方公共団体の事務
	No.2	4	条例又は規則
	No.3	3	議会の招集及び会期
	No.4	1	議会の委員会
	No.5	2	議会の会議
	No.6	4	議会の請願
	No.7	2	長の権限
	No.8	4	専門委員
	No.9	5	長と議会との関係
	No.10	1	給与その他の給付
	No.11	5	継続費、債務負担行為又は繰越明許費
	No.12	5	住民監査請求又は住民訴訟
	No.13	1	公の施設の指定管理者
	No.14	4	一部事務組合
地方公務員制度	No.15	3	人事委員会又は公平委員会の権限
	No.16	4	条件附採用又は臨時的任用
	No.17	5	懲戒処分
	No.18	2	政治的行為の制限
	No.19	1	不利益処分に関する不服申立て
	No.20	4	職員団体のための職員の行為の制限
行政法	No.21	2	行政の原理
	No.22	5	特許
	No.23	2	行政行為の附款
	No.24	5	行政行為の撤回
	No.25	3	行政指導
	No.26	4	行政契約
	No.27	4	不利益処分
	No.28	3	執行停止
	No.29	3	抗告訴訟
	No.30	4	審査請求又は再審査請求
	No.31	1	即時強制
	No.32	2	代執行
	No.33	1	公の営造物の設置又は管理の瑕疵に基づく損害賠償責任
	No.34	5	損失補償
	No.35	1	公物
	No.36	3	情報の公開に関する法律（情報公開法）
地方財政制度・財政学	No.37	1	地方債
	No.38	3	地方法人課税見直し
	No.39	3	ビルト・イン・スタビライザー
	No.40	2	地方財政計画

（注）No.1～20は事務・技術共通問題、No.21～40は事務専門問題

【No. 1】 地方自治法に規定する地方公共団体の事務に関する記述として、妥当なのはどれか。

1 地方公共団体は、その処理する事務が自治事務である場合においては、法律又はこれに基づく政令に違反しない限りにおいて条例を制定することができるが、法定受託事務である場合においては条例を制定する余地はない。
2 地方公共団体は、その事務を処理するに当たっては、住民の福祉の増進に努めるとともに、最少の経費で最大の効果を挙げるようにしなければならず、組織の規模の適正化を図るため、他の地方公共団体に協力を求めてはならない。
3 自治事務とは、地方公共団体が処理する事務のうち、法定受託事務以外のものをいい、国は、法律又はこれに基づく政令により地方公共団体が処理することとされる事務が自治事務である場合においては、地方公共団体が地域の特性に応じて当該事務を処理することができるよう特に配慮しなければならない。
4 第一号法定受託事務とは、法律又は都道府県の条例により市町村又は特別区が処理することとされる事務のうち、都道府県が本来果たすべき役割に係るものであって、都道府県においてその適正な処理を特に確保する必要があるものとして、法律又は都道府県の条例に特に定めるものをいう。
5 第二号法定受託事務とは、法律又はこれに基づく政令により市町村又は特別区が処理することとされる事務のうち、国が本来果たすべき役割に係るものであって、国においてその適正な処理を特に確保する必要があるものとして、法律又はこれに基づく政令に特に定めるものをいう。

1 誤り。法定受託事務に関しても、法令に違反しない限り、条例を制定できる（地方自治法第14条第1項）。
2 誤り。他の地方公共団体に協力を求めて組織の規模の適正化を図らなければならない（同法第2条第15項）。
3 正しい（同条第8項、第13項）。
4 誤り。第一号法定受託事務とは、法律またはこれに基づく政令により都道府県、市町村または特別区が処理することとされる事務のうち、国が本来果たすべき役割に係るものであって、国においてその適正な処理を特に確保する必要があるものとして法律またはこれに基づく政令に特に定めるものである（同条第9項第1号）。
5 誤り。第一号法定受託事務の記載である（同号）。

正答 3

【No. 2】 地方自治法に規定する条例又は規則に関する記述として、妥当なのはどれか。

1 普通地方公共団体の議会の議長は、条例の制定の議決があった場合、必ず議決のあった日に、これを当該普通地方公共団体の長に送付しなければならない。
2 普通地方公共団体の長は、条例の制定の議決があり、議会の議長より当該条例の送付を受けた場合、直ちにこれを公布しなければならない。
3 条例及び規則は、その条例及び規則で施行期日を定めない限り、これを施行することができない。
4 普通地方公共団体の規則及びその機関の定める規則の公布手続は、法令又は条例に特別の定めがある場合を除き、条例の公布手続を準用する。
5 条例は、普通地方公共団体の議会の議決及び議長の署名によって、条例としての効力を生ずる。

1 誤り。議決の日から3日以内に送付しなければならない（地方自治法第16条第1項）。
2 誤り。送付を受けた日から20日以内に公布しなければならない（同条第2項）。
3 誤り。条例に施行期日の定めがない場合は、公布の日から起算して10日を経過した日から施行する（同条第3項）。
4 正しい（同条第5項）。
5 誤り。条例は告示されるまでは効力を生じない（昭25.10.10最裁判）。

正答 4

【No. 3】 地方自治法に規定する普通地方公共団体の議会の招集及び会期に関する記述として、妥当なのはどれか。

1 普通地方公共団体の議会の招集は、緊急を要する場合であっても、開会の日前、都道府県及び市にあっては7日、町村にあっては3日までにこれを告示しなければならない。

2 普通地方公共団体の議会の議員定数の4分の1以上の者は、当該普通地方公共団体の長に対し、会議に付議すべき事件を示して臨時会の招集を請求することができるが、当該普通地方公共団体の長が当該請求のあった日から20日以内に臨時会を招集しないときは、議長においても臨時会を開くことはできない。

3 普通地方公共団体の議会の議長は、議会運営委員会の議決を経て、当該普通地方公共団体の長に対し、会議に付議すべき事件を示して臨時会の招集を請求することができる。

4 普通地方公共団体の議会の会期及びその延長並びにその開閉に関する事項は、議会が定めるが、議会の会議規則をもって、議会の会期及びその延長は、議長が議会運営委員会の意見を聴き、これを定め、議会の議決を要しない旨規定することができる。

5 普通地方公共団体の議会は、当該普通地方公共団体の長が定める規則により、定例会及び臨時会とせず、毎年、当該規則で定める日から翌年の当該日の前日までを会期とすることができる。

1 誤り。緊急を要する場合は、この限りでない（地方自治法第101条第7項）。
2 誤り。当該普通地方公共団体の長が臨時会を招集しない時は、議長は、請求者の申し出に基づき臨時会を招集しなければならない（同条第6項）。
3 正しい（同条第2項）。
4 誤り。会議規則で「議会の議決を要しない」旨、規定することは違法である（行実昭26.4.14）。
5 誤り。規則ではなく条例である（同法第102条の2第1項）。

正答 3

【No. 4】 地方自治法に規定する普通地方公共団体の議会の委員会に関する記述として、妥当なのはどれか。

1 普通地方公共団体の議会の常任委員会は、予算その他重要な議案、請願について公聴会を開き、真に利害関係を有する者又は学識経験を有する者から意見を聴くことができる。
2 普通地方公共団体の議会の議会運営委員会は、議会の運営に関する事項、議会の会議規則、委員会に関する条例に関する事項及び議長の諮問に関する事項を調査することができるが、議案及び請願を審査することはできない。
3 普通地方公共団体の議会の議会運営委員会は、当該普通地方公共団体の事務に関する調査のために参考人の出頭を求めることができるが、審査のためには、参考人の出頭を求めることができない。
4 普通地方公共団体の議会の特別委員会は、議会の議決すべき事件のうちその部門に属する当該普通地方公共団体の事務に関するものにつき、議会に予算を提出することができる。
5 普通地方公共団体の議会の特別委員会は、議会の議決により付議された特定の事件については、議会の閉会中にこれを審査することができるが、常任委員会においては、議会の閉会中にこれを審査することができない。

1 正しい（地方自治法第第109条第5項、同法第115条の2第1項）。
2 誤り。議案、請願等を審査する（同法第109条第3項）。
3 誤り。調査または審査のため参考人の出頭を求めることが出来る（同条第5項、同法第115条の2第2項）。
4 誤り。議案を提出できるが予算は提出できない（同法第109条第6項）。
5 誤り。常任委員会においても審査できる（同条第8項）。

正答 1

【No. 5】 地方自治法に規定する普通地方公共団体の議会の会議に関する記述として、妥当なのはどれか。

1 普通地方公共団体の議会の議員は、議会の議決すべき事件につき、議会に議案を提出するに当たっては、議員の定数の12分の1以上の者の賛成がなければならないが、この12分の1以上の者には、議案の提出者は含まない。
2 普通地方公共団体の長は、議会の審議に必要な説明のため議長から出席を求められた場合であっても、出席すべき日時に議場に出席できないことについて正当な理由があり、その旨を議長に届け出たときは、出席しないことができる。
3 普通地方公共団体の議会の議事は、出席議員の過半数でこれを決するが、この場合、議長は、議員として議決に加わる権利を有する。
4 普通地方公共団体の議会の会議規則中に一事不再議に関する規定の有無にかかわりなく、地方公共団体の議会については、一事不再議の原則の適用はない。
5 普通地方公共団体の議会の議長は、議会の事務局長に書面により会議録を作成させなければならないが、秘密会の議事は、秘密会の性質上、会議録の原本には記載させることはできない。

1 誤り。提出者を含む（行実昭31.9.28）。
2 正しい（地方自治法第121条第1項）。
3 誤り。議長は、議員として議決に加わる権利を有しない（同法第116条第2項）。
4 誤り。地方公共団体の議会についても一事不再議の原則の適用があると解する（行実昭33.3.26）。
5 誤り。書面または電磁的記録による。秘密会の議事も、会議録の性質上、原本には記載しておくべきである（同法第123条第1項、行実昭33.3.10）。

正答 2

【No. 6】 地方自治法に規定する普通地方公共団体の議会の請願に関する記述として、妥当なのはどれか。

1 普通地方公共団体の議会に請願しようとする者は、必ず複数の議員の紹介により請願書を提出しなければならない。
2 普通地方公共団体の議会の議長は、法定の形式を具備している場合であっても、明らかに当該普通地方公共団体の事務に関する事項でないと認められる請願は、受理を拒むことができる。
3 普通地方公共団体の議会に請願しようとする者は、日本国民であると外国人であるとを問わないが、当該普通地方公共団体の住民でなければならない。
4 普通地方公共団体の議会は、その採択した請願で当該普通地方公共団体の教育委員会において措置することが適当と認めるものを、教育委員会に送付し、かつ、その請願の処理の経過及び結果の報告を請求することができる。
5 普通地方公共団体の議会から、議会の採択した請願の送付を受けた場合には、当該普通地方公共団体の長は誠実にその処理に当たり、採択した請願のとおり措置しなければならないという法的な拘束を受ける。

1 誤り。紹介議員が複数である必要はない（地方自治法第124条）。
2 誤り。受理を拒むことは出来ず、不採択となる（行実昭25.12.27、行実昭26.10.8）。
3 誤り。当該普通地方公共団体の住民のみならず、他の全ての住民を指す（行実昭25.3.16）。
4 正しい（同法第125条）。
5 誤り。採択した請願の通り措置しなければならないというものではない（逐条解説463頁）。

正答 4

【No. 7】 地方自治法に規定する普通地方公共団体の長の権限に関する記述として、妥当なのはどれか。

1 普通地方公共団体の長は、その権限に属する一部の事務を長の補助機関である職員に委任することはできるが、長の管理に属する行政庁に委任することは一切できない。
2 普通地方公共団体の長は、予算を調製し、及びこれを執行する権限を有するが、収入、支出の手続のうち現金の出納については、会計管理者の職務権限となっている。
3 普通地方公共団体の長は、当該普通地方公共団体の議会の議決を経ずに、その区域内における商工会議所等の公共的団体の活動の総合調整を図るため、これを指揮監督することができる。
4 普通地方公共団体の長は、毎会計年度、出納の閉鎖後3か月後以内に、決算を調製し、証書類とあわせて、当該普通地方公共団体の議会の認定に付さなければならない。
5 普通地方公共団体の長は、法律又はこれに基づく政令に特別の定めがあるものを除くほか、会計管理者が当該普通地方公共団体の会計事務をつかさどるため、会計を監督する権限を有しない。

1 誤り。長の管理に属する行政庁に委任できる（地方自治法第153条第2項）。
2 正しい（同法第149条第2号、第170条第2項第1号）。
3 誤り。議会の議決が必要である（同法第96条第1項第14号、行実昭22.5.29）。
4 誤り。決算を調製するのは会計管理者である。長は、会計管理者から提出された書類に監査委員の意見を付けて、次の通常予算を議する会議までに議会の認定に付さなければならない（同法第233条第1項、第3項）。
5 誤り。会計を監督することは、長の担任事務である（同法第149条第5号）。

正答　2

【No. 8】 地方自治法に規定する専門委員に関するA～Dの記述のうち、妥当なものを選んだ組合せはどれか。

A 普通地方公共団体は、常設の専門委員を置くことができるが、臨時の専門委員を置くことはできない。
B 専門委員は、専門の学識経験を有する者の中から、普通地方公共団体の長がこれを選任する。
C 専門委員は、普通地方公共団体の長の委託を受け、その権限に属する事務に関し必要な事項を調査する。
D 専門委員は、常勤とし、特別職に属する。

1　A　B
2　A　C
3　A　D
4　B　C
5　B　D

A～Dの各項目の正否は次の通り。
A　誤り。常設または臨時の専門委員を置くことが出来る（地方自治法第174条第1項）。
B　正しい（同条第2項）。
C　正しい（同条第3項）。
D　誤り。非常勤である（同条第4項）。
　正しい組み合わせはBとC。よって正答は4。

正答　4

【No. 9】 地方自治法に規定する普通地方公共団体の長と議会との関係に関する記述として、妥当なのはどれか。

1 普通地方公共団体の議会の議決について異議があるときは、当該普通地方公共団体の長は、これを再議に付さなければならず、議案が否決された議決についても再議の対象となる。
2 普通地方公共団体の議会の議決が、法令に違反すると認めるときは、当該普通地方公共団体の長は、これを再議に付すことができるが、当該議決が法令に違反するかどうかの認定権は議会にある。
3 普通地方公共団体の議会において、当該普通地方公共団体の長の不信任の議決を行い、長に対して不信任議決の通知を行った場合、議決によって不信任を撤回することはできるが、その通知行為のみを撤回することはできない。
4 普通地方公共団体の議会において議決すべき事件を議決しないときは、当該普通地方公共団体の長は、その議決すべき事件を処分することができるので、副知事又は副市町村長の選任の同意についても処分が可能である。
5 普通地方公共団体の議会の権限に属する軽易な事項で、その議決により特に指定したものは、当該普通地方公共団体の長において、これを専決処分にすることができる。

1 誤り。否決されたものについては、再議の対象にならない（行実昭26.10.12）。
2 誤り。違法について、客観的事実があると認められる範囲において長に認定権がある（行実昭28.9.29）。
3 誤り。不信任議決の通知の撤回及び議決による不信任の撤回は、いずれも出来ない（行実昭29.4.9）。
4 誤り。副知事または副市町村長の選任の同意については、処分できない（地方自治法第179条第1項）。
5 正しい（同法第180条第1項）。

正答 5

【No.10】 地方自治法に規定する給与その他の給付に関するA～Dの記述のうち、妥当なものを選んだ組合せはどれか。

A 普通地方公共団体の長の補助機関たる常勤職員の給料、手当及び旅費の額並びにその支給方法は、条例でこれを定めなければならない。

B 普通地方公共団体は、その非常勤の監査委員に対して報酬を支給しなければならず、当該委員は、職務を行うため要する費用の弁償を受けることができる。

C 普通地方公共団体は、条例で、その議会の議員に対し、議員報酬を支給することはできるが、期末手当を支給することはできない。

D 普通地方公共団体は、条例で、その選挙管理委員会の委員に対し、退職手当を支給しなければならない。

1　A　B
2　A　C
3　A　D
4　B　C
5　B　D

A～Dの各項目の正否は次の通り。
A　正しい（地方自治法第204条第3項）。
B　正しい（同法第203条の2第1項、第3項）。
C　誤り。期末手当も支給できる（同法第203条第3項）。
D　誤り。委員会の委員に対して支給しなければならないのは報酬と費用弁償である（同法第203条の2第1項、第3項）。

正答　1

【No.11】 地方自治法に規定する継続費、債務負担行為又は繰越明許費に関する記述として、妥当なのはどれか。

1 継続費の毎会計年度の年割額に係る歳出予算の経費の金額のうち、その年度内に支出を終わらなかったものは不用額となり、当該継続費の継続年度の終わりまで逓次繰り越して使用することはできない。

2 債務負担行為とは、歳出予算の経費のうち、その性質上又は予算成立後の事由に基づき年度内にその支出の終わらない見込みのあるものは、予算の定めるところにより、翌年度以降にわたって使用することをいう。

3 債務負担行為として予算で定めなければ、普通地方公共団体は、翌年度以降にわたり、電気、ガス若しくは水の供給又は電気通信役務の提供を受ける契約を締結することができない。

4 繰越明許費とは、普通地方公共団体の経費をもって支弁する事件で、その履行に数年度を要するものは、予算の定めるところにより、その経費の総額を定め、数年度にわたって繰り越して支出することをいう。

5 繰越明許費として翌年度に繰り越して使用しようとする歳出予算の経費については、当該経費に係る歳出に充てるために、必要な金額を当該年度から翌年度に繰り越さなければならない。

1 誤り。逓次繰り越して使用できる（地方自治法施行令第145条）。
2 誤り。繰越明許費の説明である（地方自治法第213条第1項）。
3 誤り。長期継続契約を締結できる（同法第234条の3）。
4 誤り。繰越明許費とは、歳出予算の経費のうち、性質上または予算成立後の事由により年度内に支出を終わらない見込みのものについて、予算の定めにより、翌年度に繰り越して使用できる経費である（同法第213条第1項）。
5 正しい（同令第146条第1項）。

正答 5

【No.12】 地方自治法に規定する住民監査請求又は住民訴訟に関する記述として、妥当なのはどれか。

1 普通地方公共団体の監査委員は、住民監査請求の監査を行い、請求に理由があると認めるときは、当該普通地方公共団体の長に対し、必要な措置を講ずべきことを勧告しなければならないが、当該勧告の内容を公表する必要はない。
2 普通地方公共団体の住民は、当該普通地方公共団体の長について、違法又は不当な公金の支出があると認めるときは、監査委員に対し監査を請求することができるが、当該住民は、法人ではなく個人に限られる。
3 住民監査請求は、普通地方公共団体の職員の違法又は不当な公金の支出のあった日又は終わった日から1年を経過したときは、法的安定性の見地から、正当な理由がある場合においても、これをすることはできない。
4 普通地方公共団体の住民は、当該普通地方公共団体の長による違法な財産の取得があると認めるときは、住民監査請求を経ることなく住民訴訟を提起することにより、必要な措置を講ずべきことを請求することができる。
5 普通地方公共団体の住民は、住民訴訟を提起し勝訴した場合において、弁護士又は弁護士法人に報酬を支払うべきときは、当該普通地方公共団体に対し、その報酬額の範囲内で相当と認められる額の支払を請求することができる。

1 誤り。公表しなければならない（地方自治法第242条第4項）。
2 誤り。法人と個人とを問わない（行実昭23.10.30）。
3 誤り。正当な理由がある時は出来る（同条第2項）。
4 誤り。住民監査請求を経なければならない（同法第242条の2第1項）。
5 正しい（同条第12項）。

正答 5

【No.13】 地方自治法に規定する公の施設の指定管理者に関する記述として、妥当なのはどれか。

1 普通地方公共団体の長は、指定管理者の管理する公の施設の管理の適正を期するため、指定管理者に対して、当該管理の業務又は経理の状況に関し報告を求め、実地について調査し、又は必要な指示をすることができる。
2 普通地方公共団体は、指定管理者の管理する公の施設の利用に係る料金が公の施設の使用料に相応するものであるため、いかなる場合であってもその料金を当該指定管理者の収入として収受させることはできない。
3 普通地方公共団体は、公の施設の設置の目的を効果的に達成するために必要があると認めるときは、当該普通地方公共団体が指定する法人及び個人に、当該公の施設の管理を行わせることができる。
4 普通地方公共団体は、指定管理者による公の施設の管理を継続することが適当でないと認めるときは、期間を定めて管理の業務の全部又は一部の停止を命ずることができるが、当該指定管理者の指定を取り消すことは一切できない。
5 普通地方公共団体は、あらかじめ指定管理者の指定の手続、管理の基準及び業務の範囲その他必要な事項を条例で定めるため、議会の議決を経ずに指定管理者の指定を行うことができる。

1 正しい（地方自治法第244条の2第10項）。
2 誤り。適当と認める時は、利用料金を指定管理者の収入として収受させることが出来る（同条第8項）。
3 誤り。法人その他の団体である（同条第3項）。
4 誤り。指定の取り消しも出来る（同条第11項）。
5 誤り。議会の議決を経なければならない（同条第6項）。

正答　1

【No.14】 地方自治法に規定する一部事務組合に関する記述として、妥当なのはどれか。

1 　特別区は、その事務の一部を共同処理するため、一部事務組合を設けることができるが、それにより、一部事務組合内の特別区につきその執行機関の権限に属する事項がなくなっても、当該執行機関は消滅しない。
2 　市町村及び特別区の事務に関し相互に関連するものを共同処理するための市町村及び特別区の一部事務組合については、市町村又は特別区の共同処理しようとする事務が他の市町村又は特別区の共同処理しようとする事務と同一の種類のものでなければならない。
3 　総務大臣は、公益上必要がある場合においては、関係のある都道府県、市町村及び特別区に対し、一部事務組合を設けるべきことを勧告しなければならない。
4 　一部事務組合は、これを組織する地方公共団体の共同処理する事務を変更しようとするときは、関係地方公共団体の協議によりこれを定め、都道府県の加入するものにあっては総務大臣、その他のものにあっては都道府県知事の許可を受けなければならない。
5 　一部事務組合は、その名称のみに係る組合の規約を変更しようとするときは、関係地方公共団体の協議は必要ないが、都道府県の加入するものにあっては総務大臣、その他のものにあっては都道府県知事に届出をしなければならない。

1　誤り。当該執行機関は消滅する（地方自治法第284条第2項）。
2　誤り。共同処理しようとする事務が同一の種類でない場合も一部事務組合を設置できる（同法第285条）。
3　誤り。都道府県知事は、関係のある市町村及び特別区に一部事務組合を設けるべきことを勧告できる（同法第285条の2第1項）。
4　正しい（同法第286条第1項）。
5　誤り。構成団体の協議が必要である（同条第2項）。

正答　4

【No.15】 地方公務員法に規定する人事委員会又は公平委員会の権限に関する記述として、妥当なのはどれか。

1 人事委員会又は公平委員会は、職員に関する条例の制定又は改廃に関し、地方公共団体の長に意見を申し出ることはできるが、地方公共団体の議会に意見を申し出ることはできない。
2 人事委員会又は公平委員会は、人事行政に関する技術的及び専門的な知識、資料その他の便宜の授受のために協定を結ぶことができるが、それは国又は他の地方公共団体の機関との間に限られる。
3 人事委員会又は公平委員会は、法律又は条例に基づくその権限の行使に関し必要があるときは、証人を喚問し、又は書類若しくはその写しの提出を求めることができる。
4 人事委員会又は公平委員会は、職員の給与、勤務時間その他の勤務条件に関する措置の要求を審査し、判定することはできるが、必要な措置を執ることはできない。
5 人事委員会又は公平委員会は、職員に対する不利益な処分についての不服申立てに対する裁決又は決定について、その委員又は事務局長に委任することができる。

1 誤り。人事委員会にのみ認められた権限であり、また議会に意見を申し出ることが出来る（地公法第8条第1項第3号）。
2 誤り。特定地方独立行政法人との間にも結ぶことが出来る（地公法第8条第7項）。
3 正しい（地公法第8条第6項）。
4 誤り。必要な措置を執ることが出来る（地公法第8条第1項第9号、第2項第1号）。
5 誤り。当該不服申し立てに対する裁決または決定を除き、審査に関する事務の一部を委任することが出来る（地公法第50条第2項）。

正答 3

【No.16】 地方公務員法に規定する条件附採用又は臨時的任用に関する記述として、妥当なのはどれか。

1 行政不服審査法に基づく不利益処分に関する不服申立ての規定は、条件附採用期間中の職員に適用されるが、臨時的に任用された職員には適用されない。
2 人事委員会を置く地方公共団体の任命権者は、条件附採用期間中の職員について、職員採用の日から6か月以内に、職務遂行能力の実証が得られない場合、人事委員会の許可を得て、条件附採用期間をさらに1年間延長できる。
3 臨時的に任用された職員は、勤務条件について不服がある場合、人事委員会に対し勤務条件に関する措置要求を行うことはできないが、職員団体若しくは労働組合を結成し、又は加入することはできる。
4 臨時的に任用された職員は、一般職の職員であっても、地方公務員法に定める分限の規定が適用されないが、条例で分限についての事項を定めることができる。
5 人事委員会を置く地方公共団体において臨時的任用を行うことができるのは、緊急の場合又は臨時の職に関する場合に限られる。

1 誤り。条件附採用期間中の職員にも適用されない（地公法第29条の2）。
2 誤り。人事委員会は条件附採用の期間を1年に至るまで延長することが出来る（地公法第22条第1項）。
3 誤り。措置要求を行うことが出来る（地公法第46条）。
4 正しい（地公法第29条の2第2項）。
5 誤り。任用候補者名簿がない場合も行うことが出来る（地公法第22条第2項）。

正答 4

【No.17】 地方公務員法に規定する懲戒処分に関する記述として、妥当なのはどれか。

1 懲戒処分には、降任、免職、休職及び降給があり、その手続及び効果は、法律に特別の定めがある場合を除く外、条例で定めなければならない。
2 地方公共団体の規則又は地方公共団体の機関の定める規程に違反した場合は懲戒処分を行うことができるが、職務上の義務に違反し、又は職務を怠った場合には、懲戒処分を行うことはできない。
3 一つの事実に基づき懲戒処分の事由と分限処分の事由が同時に存在する場合、任命権者は、懲戒処分と分限処分を併せて行うことはできず、必ず分限処分か懲戒処分のいずれかを選択しなければならない。
4 刑事事件が取調中に処分保留になった公務員に対して、当該取調が完了し、その処分の決定が明らかになるまでは、懲戒処分を行うことはできない。
5 懲戒免職の処分を受け、当該処分の日から2年を経過しない者であっても、当該処分を受けた地方公共団体以外の地方公共団体の職員となることができる。

1 誤り。戒告、減給、停職または免職である（地公法第29条第1項）。
2 誤り。行うことが出来る（地公法第29条第1項第2号）。
3 誤り。両者を併せて行うことは可能である（行実昭42.6.15）。
4 誤り。行うことが出来る（行実昭26.12.20）。
5 正しい（地公法第16条第3項、行実昭26.2.1）。

正答 5

【No.18】 地方公務員法に規定する政治的行為の制限に関する記述として、妥当なのはどれか。

1 職員は、いかなる区域においても、特定の政党その他の政治的団体を支持する目的をもって、署名運動を企画することはできないが、主宰する等これに積極的に関与することができる。
2 職員は、いかなる区域においても、政党その他の政治的団体の結成に関与し、若しくはこれらの団体の役員となってはならず、又はこれらの団体の構成員となるように勧誘運動をしてはならない。
3 職員は、いかなる区域においても、特定の内閣又は地方公共団体の執行機関を支持する目的をもって、寄付金その他の金品の募集に関与することができない。
4 職員は、いかなる区域においても、特定の内閣又は地方公共団体の執行機関を支持する目的をもって、地方公共団体の庁舎を利用させることはできないが、文書又は図画を地方公共団体の庁舎に掲示させることができる。
5 職員は、いかなる区域においても、特定の政党その他の政治的団体を支持する目的をもって、公の選挙又は投票において投票するように勧誘運動をしてはならない。

1 誤り。職員の属する地方公共団体の区域外であれば、企画し、または主宰する等積極的に関与することが出来る（地公法第36条第2項第2号）。
2 正しい（地公法第36条第1項）。
3 誤り。職員の属する地方公共団体の区域外であれば関与することが出来る（地公法第36条第2項第3号）。
4 誤り。掲示させることは出来ない（地公法第36条第2項第4号）。
5 誤り。職員の属する地方公共団体の区域外であれば勧誘運動することが出来る（地公法第36条第2項第1号）。

正答 2

【No.19】 地方公務員法に規定する不利益処分に関する不服申立てに関する記述として、妥当なのはどれか。

1 懲戒その他その意に反すると認める不利益処分に関する審査を請求した職員が退職した場合においても、その退職によって請求の利益が失われることのないものについては、人事委員会は、審査を行わなければならない。
2 懲戒その他その意に反すると認める不利益処分を受けた職員からの不利益処分に関する不服申立てについて、人事委員会が、任命権者が行った停職処分を減給処分に修正する旨の裁決をした場合は、原処分は消滅して、新たに人事委員会により減給処分がなされたものとみなされる。
3 人事委員会は、任命権者より懲戒その他その意に反すると認める不利益処分を受けた職員から不服申立てを受理したときは、口頭審理の請求の有無にかかわらず、口頭審理によりその事案を審査しなければならない。
4 任命権者は、懲戒その他その意に反すると認める不利益処分を受けた職員からの不服申立てについて、人事委員会の判定に対して不服がある場合は、裁判所に対して訴えの提起をすることができる。
5 懲戒その他その意に反すると認める不利益処分を受けた職員は、人事委員会に対して不服申立てができるものについても、不服申立てに対する裁決又は決定を経るまでもなく、直ちに裁判所に対して当該処分の取消しの訴えの提起をすることができる。

1 正しい（行実昭37.2.6）。
2 誤り。原処分は、当初から修正裁決通りの法律効果を伴う処分として存在していたものとみなされる（最裁判昭62.4.21）。
3 誤り。口頭審理の請求があった時は、口頭審理を行わなければならない（地公法第50条第1項）。
4 誤り。出訴することは出来ない（行実昭27.1.9）。
5 誤り。裁決または決定を経た後でなければ、訴えを提起することが出来ない（地公法第51条の2）。

正答 1

【No.20】 地方公務員法に規定する職員団体のための職員の行為の制限に関する記述として、妥当なのはどれか。

1 職員は、任命権者の許可を受ければ、職員団体の役員としてその業務にもっぱら従事することができ、この場合に当該職員団体が人事委員会又は公平委員会へ登録しているか否かは問わない。
2 職員が職員団体の業務にもっぱら従事するために任命権者が行う許可は、任命権者が相当と認める期間であるため、その許可の有効期間を定める必要はない。
3 任命権者の許可を受けて役員として職員団体の業務にもっぱら従事している職員が、当該職員団体の役員でなくなった場合であっても、当該職員団体の業務にもっぱら従事していれば、当該許可が取り消されることはない。
4 任命権者の許可を受けて役員として職員団体の業務にもっぱら従事している職員は、当該許可が効力を有する間は、休職者となり、いかなる給与も支給されない。
5 職員は、給与を受けながら、職員団体のためその業務を行ってはならないので、勤務時間中の適法な交渉を行う場合又は年次有給休暇を取得している場合であっても、職員団体のために活動することはできない。

1 誤り。登録を受けた職員団体でなければならない（地公法第55条の2第1項）。
2 誤り。有効期間を定めるものとする（地公法第55条の2第2項）。
3 誤り。役員でなくなった場合は取り消される（地公法第55条の2第4項）。
4 正しい（地公法第55条の2第5項）。
5 誤り。職員は、条例で定める場合、給与を受けながら、職員団体のため活動することは出来る（地公法第55条の2第6項）。

正答　4

【No.21】 行政法学上の法律による行政の原理に関する記述として、妥当なのはどれか。

1 重要事項留保説とは、行政指導や相手方との合意に基づく行政契約を含めて、行政活動には全て法律の根拠を必要とするという考えである。

2 侵害留保説とは、国民に義務を課したり、国民の権利を制限するような行政活動には法律の根拠を必要とするが、それ以外の行政活動には法律の根拠を必要としないという考えである。

3 権力留保説とは、行政活動のうちの権力的なものについて、法律の授権が必要であるだけでなく、非権力的な行政活動についても、法律の授権が必要であるという考えである。

4 法律の優位の原則とは、法律によってのみ人の権利義務を左右する法規を定めることができるという原則である。

5 法律の法規創造力の原則とは、法律が存在する場合には、行政活動はこれに反してはならず、法律違反の活動は許されないという原則である。

1 誤り。全部留保説についての説明である。
2 正しい。
3 誤り。権力留保説では、非権力的な行政活動に法律の授権は必要としない。
4 誤り。法律の法規創造力の原則についての説明である。
5 誤り。法律の優位の原則についての説明である。

正答 2

【No.22】 次の行政行為A～Eのうち、行政法学上の特許に該当するものを選んだ組合せとして、妥当なのはどれか。
A 特許法に基づく特許
B 農地法に基づく農地の所有権の移転の許可
C 河川法に基づく河川区域内の土地の占用の許可
D 風俗営業法に基づく風俗営業の許可
E 公有水面埋立法に基づく公有水面の埋立免許

1 A C
2 A D
3 B D
4 B E
5 C E

A 誤り。特許法上の特許と行政法学上の特許とは別概念である。特許法上の特許は最新の発明であることの判断を表示するものであり、「確認」に分類される。
B 誤り。第三者の契約などの法律行為を補充して、その法律上の効力を完成させるために行われる「認可」に分類される。
C 正しい。「特許」である。
D 誤り。法律または行政行為によって課されている一般的な禁止を特定の場合に解除する行為である「許可」に分類される。
E 正しい。「特許」である。
正しい組み合わせはCとE。よって正答は5。

正答 5

【No.23】 行政法学上の行政行為の附款に関する記述として、妥当なのはどれか。

1 附款は、行政庁の主たる意思表示に付加される従たる意思表示であり、行政行為の一部であるので、附款が違法である場合、附款が本体の行政行為と可分であっても、附款のみの取消しを求めることはできない。

2 条件とは、行政行為の効果を発生不確実な将来の事実にかからしめる附款であり、その事実の発生によって行政行為の効果が生ずるものを停止条件、それが消滅するものを解除条件という。

3 撤回権の留保とは、行政行為をなすに当たって、これを撤回する権利を留保する旨を付加する附款であり、公物の占用許可の際にこれを付すことにより、撤回制限の原則が排除されるので、当該占用許可を常に撤回できる。

4 期限とは、行政行為の法効果の発生・消滅を、将来到来することが確実な事実にかからしめる附款であり、到来時期が不確定なものを期限として付すことはできない。

5 負担とは、許可、認可などの授益的行政行為に付加され相手方に特別の義務を命じる附款をいい、相手方がその義務に従わないときは、本体たる許可などの効力は当然に失われる。

1 誤り。附款が本体の行政行為の重要な要素でなければ（可分であれば）、附款のみの取り消しを求めることが出来る。
2 正しい。
3 誤り。一般の行政行為の取り消し・撤回の場合と同様、撤回するための実質的な事由が必要となるなど、一定の条理上の制限があるものと解されている。常に撤回できるわけではない。
4 誤り。「期限」とは、行政行為の効果を発生確実な事実にかからしめる意思表示である。「台風が上陸した場合は、使用を禁止する」などのように、到来する時期が不確定なものを期限として付すことも出来る。
5 誤り。相手方が負担を履行しなかった場合、一定の制限の下に行政行為を撤回することが出来るが、本体たる行政行為の効力が当然に消滅するわけではない。

正答 2

【No.24】 行政法学上の行政行為の撤回に関するA～Dの記述のうち、判例、通説に照らして、妥当なものを選んだ組合せはどれか。

A 行政行為の撤回とは、行政行為が成立したときから瑕疵があった行政行為について、その効力を成立のときに遡って失わせることをいい、当該行政行為を行った処分庁のほか、法令に特別の定めがなくても、当該処分庁を監督する上級行政庁も撤回することができる。

B 授益的行政行為の撤回は、それ自体が不利益処分であり、行政庁は授益的行政処分の撤回をしようとするときは、意見陳述のための手続を執らなければならないが、公益上、緊急の必要があるときは、意見陳述のための手続を省略することができる。

C 最高裁判所の判例では、期間の定めなくされた都有行政財産の使用許可が、当該行政財産本来の用途又は目的上の必要に基づき撤回されたことによって生じた損失は、国有財産法に規定する補償を必要とする損失に当たるため、国有財産法を類推適用し、いかなる場合であっても補償を求めることができるとした。

D 最高裁判所の判例では、優生保護法による指定を受けた医師が指定の撤回により被る不利益を考慮しても、なおそれを撤回すべき公益上の必要性が高いと認められる場合には、法令上直接明文の規定がなくても撤回することができるとした。

1 A B
2 A C
3 A D
4 B C
5 B D

A 誤り。「行政行為が成立した時から瑕疵があった行政行為」は取り消しの対象であり、撤回の効果は、将来に向かってのみ発生する。また、監督する上級行政庁は、法律に特段の定めがない限り、処分庁が行った行政行為を撤回することは出来ない。

B 正しい（行政手続法第13条第1項第1号及び第2項第1号）。

C 誤り。この場合には、補償は不要とした。ただし、例外もあり得るとしており、地方自治法に使用許可の取り消しの場合の補償の規定がなくとも、国有財産法の類推適用により補償を認め得る場合もあるとしている。いかなる場合も補償を求めることが出来るとはしていない（最判昭49.2.5）。

D 正しい。撤回権の行使によって得られる利益と、これによって生じる不利益を比較衡量し、そして、当該処分の放置が公共の福祉の要請に照らして著しく不当であると認められる場合に限って、処分の撤回を許容するとしている（最判昭63.6.17）。

正しい組み合わせはBとD。よって正答は5。　　　　　　**正答　5**

【No.25】 行政手続法に規定する行政指導に関する記述として、妥当なのはどれか。

1 行政指導は、行政機関が一定の行政目的を実現するために、特定の者に一定の作為又は不作為を求める行政庁の処分に該当する行為であり、その内容の実現は相手方の任意の協力がなくてもなされるものである。
2 申請の内容の変更を求める行政指導にあっては、行政指導に携わる者は、申請者が当該行政指導に従う意思がない旨を表明した場合であっても、一定の行政目的を実現するためであれば、当該行政指導を常に継続して行うことができる。
3 許認可等をする権限を有する行政機関が、当該権限を行使する意思がない場合においてする行政指導にあっては、行政指導に携わる者は、当該権限を行使し得る旨を殊更に示すことにより相手方に当該行政指導に従うことを余儀なくさせるようなことをしてはならない。
4 行政指導が口頭でなされた場合に、その相手方から当該行政指導の趣旨及び内容並びに責任者を記載した書面の交付を求められたときは、当該行政指導に携わる者は、必ずこれを交付しなければならない。
5 一定の条件に該当する複数の者に対し同一の行政指導をしようとするときは、行政機関は、あらかじめ、事案に応じ、行政指導指針を定めなければならないが、これを公表する必要は一切ない。

1 誤り。助言・指導といった非権力的な手段であるから、行政庁の処分に該当しない。また、その内容の実現には、相手方の任意の協力が必要である。
2 誤り。申請者が当該行政指導に従う意思がない旨を表明した場合には、当該行政指導を継続してはならない（行政手続法第33条）。
3 正しい（行政手続法第34条）。
4 誤り。行政上特別の支障がある時は拒否することが出来る（行政手続法第35条第2項）。
5 誤り。行政上特別の支障がない限り、公表しなければならない（行政手続法第36条）。

正答 3

【No.２６】 行政契約に関する記述として、通説に照らして、妥当なのはどれか。
1 行政契約は、給付行政の分野での主要な行為形式であり、この分野における契約締結に当たっては、民法上の契約法原理が妥当するため、平等原則や比例原則などの行政法上の一般原則が適用されることはない。
2 行政契約の例には、地方公共団体と事業者との間で交わされる公害防止協定があるが、地域住民の生命や健康を守るため、当該協定により、法律よりも厳しい内容の義務を課すことや刑事罰を科すことができる。
3 行政契約は、行政主体と私人との間で締結される場合には、私人間の契約と同様に民法の規定が適用されるので、行政契約に関する訴訟については、全て民事訴訟により行われる。
4 行政契約には、地方公共団体間で事務の共同処理のために締結される事務の委託があるが、当該委託においては、事務処理の権限が全て受託者に移り、委託した地方公共団体は事務処理の権限をもたなくなる。
5 行政契約には、建築基準法による建築協定のように、私人間で協定を結び、行政庁から認可を受けるものがあるが、協定に関わらない第三者に対して効力を及ぼすことは一切ない。

1 誤り。契約ではあっても、行政の活動であることから、平等原則や比例原則などの行政法上の一般原則が適用されることもある。
2 誤り。法律より厳しい内容の義務を課すことは出来るが、公害防止協定を根拠に義務違反に対し、刑事罰を科すことは出来ない。
3 誤り。必ずしも私法規程がそのまま適用されるわけではなく、契約内容によっては、行政事件訴訟法の規定（当事者訴訟）が適用される場合もある。
4 正しい（地方自治法第252条の14）。
5 誤り。建築基準法による建築協定は、協定に関わらない第三者に対して効力を及ぼす場合があることを認めるものである。

正答　4

【No.27】 行政手続法に規定する不利益処分に関するA～Dの記述のうち、妥当なものを選んだ組合せはどれか。

A 行政庁は、不利益処分をするかどうか又はどのような不利益処分とするかについてその法令の定めに従って判断するために必要とされる基準を定め、かつ、これを公にしておくことが法律で義務付けられている。

B 行政庁は、納付すべき金銭の額を確定し、一定の額の金銭の納付を命じる不利益処分をしようとするときには、当該不利益処分の名あて人となるべき者について、意見陳述のための手続を執る必要はない。

C 行政庁は、不利益処分をする場合には、その名あて人に対し、同時に、当該不利益処分の理由を示さなければならないが、当該理由を示さないで処分をすべき差し迫った必要がある場合は、この限りでない。

D 行政庁は、不利益処分を決定するときは、聴聞調書に記載された聴聞を主宰する者の意見を十分に参酌しなければならないが、聴聞を経てされた不利益処分であっても、当事者は、常に行政不服審査法による異議申立てをすることができる。

1 A B
2 A C
3 A D
4 B C
5 B D

A 誤り。基準を定め、公にするよう努めなければならない（行政手続法第12条）。
B 正しい。意見陳述のための手続きは要しない（行政手続法第13条第2項）。
C 正しい。差し迫った必要がある場合には、あらかじめ理由を示さなくても良い。ただし、処分後相当の期間内に理由を示すこととされている（行政手続法第14条）。
D 誤り。聴聞を経てなされた不利益処分について、当事者及び参加人は、行政不服審査法による異議申し立ては出来ない（行政手続法第27条）。
　正しい組み合わせはBとC。よって正答は4。

正答　4

【No.28】 行政事件訴訟法に規定する執行停止に関する記述として、妥当なのはどれか。

1 行政庁の処分その他公権力の行使に当たる行為についての執行停止の申立てをする場合には、民事保全法に規定する仮処分の請求と同様に、本案訴訟として取消訴訟が係属している必要はない。

2 裁判所は、処分の執行又は手続の続行の停止によって仮の救済の目的を達することができる場合であっても、申立人の権利利益保全のために、処分の効力の停止をすることができる。

3 執行停止の決定が確定した後に、その理由が消滅し、その他事情が変更したときは、裁判所は、相手方の申立てにより、決定をもって、執行停止の決定を取り消すことができる。

4 執行停止の申立てがあった場合に、内閣総理大臣は、裁判所に対し、執行停止の決定前においては、異議を述べることができるが、執行停止の決定があった後においては、異議を述べることができない。

5 内閣総理大臣は、執行停止の申立てに対して異議を述べる場合には、理由を付さなければならないが、裁判所は、その異議に理由があるかどうかを実質的に審査した上で、執行停止の決定をすることができる。

1 誤り。本案訴訟として取消訴訟が継続している必要がある（行政事件訴訟法第25条第2項）。
2 誤り。裁判所は、処分の執行または手続きの続行の停止によって仮の救済の目的を達することが出来る場合には、処分の効力の停止（執行停止）をすることは出来ない（行政事件訴訟法第25条第2項ただし書）。
3 正しい（行政事件訴訟法第26条第1項）。
4 誤り。内閣総理大臣は、裁判所に対し、執行停止の決定があった後においても異議を述べることが出来る（行政事件訴訟法第27条第1項）。
5 誤り。裁判所は、内閣総理大臣の異議に対する審査権は有しない。

正答 3

【No.29】 行政事件訴訟法に規定する抗告訴訟に関する記述として、妥当なのはどれか。

1 処分の取消しの訴えは、行政庁の処分その他公権力の行使に当たる行為の取消しを求める訴訟であるが、当該処分につき法令の規定により審査請求をすることができる場合には、必ず審査請求に対する裁決を経なければならず、その後でなければ処分の取消しの訴えを提起することはできない。
2 無効等確認の訴えは、処分又は裁決の無効等の確認を求めるにつき法律上の利益を有する者であれば、当該処分若しくは裁決の存否又はその効力の有無を前提とする現在の法律関係に関する訴えによって目的を達することができる場合であっても、提起することができる。
3 不作為の違法確認の訴えは、行政庁が法令に基づく申請に対し、相当の期間内に何らかの処分又は裁決をすべきであるにかかわらず、これをしないことについての違法の確認を求める訴訟であり、処分又は裁決についての申請をした者に限り、提起することができる。
4 差止めの訴えは、行政庁が一定の処分又は裁決をすべきでないにかかわらず、これがされようとしている場合において、行政庁がその処分又は裁決をしてはならない旨を命ずることを求める訴訟をいい、損害を避けるために他に適当な方法があるときであっても提起することができる。
5 義務付けの訴えは、行政庁が処分をすべき旨を命ずることを求める訴訟をいい、行政庁に対し一定の処分を求める旨の法令に基づく申請に対して、当該行政庁がその処分をすべきであるにかかわらず、これがされないときに限り、提起することができる。

1 誤り。不服申し立て前置主義が取られていても、不服申し立てがあった日から3カ月を経ても裁決・決定等がない時、処分等の続行により著しい損害を避ける緊急の必要がある時及び裁決・決定等を経ないことにつき正当な理由がある時については、裁決・決定等を経ないで直接出訴（処分の取り消しの訴えを提起すること）が可能である（行政事件訴訟法第8条第2項）。
2 誤り。無効等確認の訴えは、通常の訴訟で権利の保護が図ることが出来ない場合にのみ利用できる補充的訴訟であり、当該処分若しくは裁決の存否またはその効力の有無を前提とする現在の法律関係に関する訴えによって目的を達することが出来る場合には、提起することは出来ない。
3 正しい。
4 誤り。損害を避けるために他に適当な方法がある場合には、提起することが出来ない。
5 誤り。申請がない場合にも、行政庁が一定の処分をすべきであるにかかわらず、これがなされない時には、提起することが出来る（行政事件訴訟法第3条第6項）。

正答 3

【No.30】 行政不服審査法に規定する審査請求又は再審査請求に関する記述として、妥当なのはどれか。

1 審査請求をすることができる処分につき、処分庁が誤って審査庁でない行政庁を審査庁として教示した場合において、その教示された行政庁に書面で審査請求がされたときは、当該行政庁は審査請求書の正本及び副本を処分庁に送付しなければならず、審査庁に送付することはできない。

2 処分庁が誤って法定の期間よりも長い期間を審査請求期間として教示した場合において、法定の審査請求期間を経過し、かつ、教示された期間内に審査請求がされたときは、法定の審査請求期間経過後にされたものとして、審査庁は、裁決で、当該審査請求を却下することができる。

3 利害関係人は、審査庁の許可を得て、参加人として審査請求に参加することができるが、審査庁は、必要があると認められるときであっても、利害関係人に対し、参加人として審査請求に参加することを求めることはできない。

4 審査請求をすることができる処分につき、その処分をする権限を有する行政庁がその権限を他に委任した場合において、委任を受けた行政庁がその委任に基づいてした処分に係る審査請求につき、原権限庁が審査庁として裁決をしたとき、その裁決に不服がある者は、再審査請求をすることができる。

5 審査請求を却下し又は棄却した裁決が違法又は不当である場合は、当該裁決に係る処分が違法又は不当でないときであっても、再審査庁は、裁決で、当該処分の全部又は一部を取り消さなければならない。

1 誤り。誤って審査庁でない行政庁を審査庁として教示した場合において、その教示された行政庁に書面で審査請求がされた時は、当該行政庁は審査請求書の正本及び副本を処分庁または審査庁に送付しなければならない（行政不服審査法第18条第1項）。

2 誤り。教示された期間内に不服申し立てを行えば、法定期間経過後であっても、法定の期間内に不服申し立てがなされたものとみなされるので、当該審査請求を却下することは出来ない（行政不服審査法第19条）。

3 誤り。審査庁は、必要があると認める時は、利害関係人に対し、参加人として当該審査請求に参加することを求めることが出来る（行政不服審査法第24条第2項）。

4 正しい（行政不服審査法第8条第1項第2号）。

5 誤り。再審査庁は、当該再審査請求を棄却する（行政不服審査法第55条）。

正答　4

【No.31】 行政法学上の即時強制に関する記述として、通説に照らして、妥当なのはどれか。

1 行政上の即時強制とは、目前急迫の障害又は行政違反の状態を取り除く必要上義務を命ずる余裕のない場合、又は、事柄の性質上義務を命ずることによって目的を達しがたい場合に、あらかじめ義務を課することなく、直ちに国民の身体又は財産に実力を行使して行政上必要な状態を実現する作用をいう。

2 行政上の即時強制のうち、法律に基づいて実施される物の領置など財産に実力を加える作用は、一種の事実行為であるので、民事訴訟によりその拘束の排除を求めることができる。

3 行政上の即時強制を行うには、あらかじめ文書で戒告しなければならないが、非常の場合又は危険切迫の場合において、当該行為の急速な実施について緊急の必要があるときは、その手続を経ないで行うことができる。

4 行政上の即時強制は、即効的な執行方法であり、行政上の義務の履行を確保するのに有効であるが、人権侵害を伴うおそれがあるため、必ず条例又は規則に根拠がなければならない。

5 行政上の即時強制は、法律に基づき行政庁により命ぜられた行為について義務者がこれを履行しない場合、他の手段によってその履行を確保することが困難であり、かつ、その不履行を放置することが著しく公益に反すると認められるときにのみ行うことができる。

1 正しい。
2 誤り。即時強制は公権力の行使に当たる行為であり、これに不服のある者は、行政不服申し立てまたは行政訴訟の手続きで救済を求めなければならない。通常の民事訴訟の手続きにより、その拘束の排除を求めることは出来ないと解されている。
3 誤り。戒告を行わなければならないのは、代執行を行う場合であり、即時強制では不要である。
4 誤り。必ず法律または条例に根拠がなければならず、規則を根拠とすることは出来ない。
5 誤り。即時強制は、行政上の義務の不履行を前提とすることなく、直ちに国民の身体や財産に強制を加え、行政上必要な状態を作り出す作用である。

正答　1

【No.32】 行政代執行法に規定する代執行に関するA～Dの記述のうち、妥当なものを選んだ組合せはどれか。

A 代執行のために現場に派遣される執行責任者は、その者が執行責任者たる本人であることを示すべき証票を携帯し、要求があるときは、何時でもこれを呈示しなければならない。

B 法律に基づき行政庁により命ぜられた代替的作為義務又は不作為義務を義務者が履行しない場合、行政庁は、自ら義務者のなすべき行為をなし、又は第三者にこれをなさしめることができる。

C 代執行に要した費用については、国税滞納処分の例により、これを徴収することができ、行政庁は、国税及び地方税に次ぐ順位の先取特権を有する。

D 代執行に要した費用の徴収については、実際に要した費用の額及びその納期日を定め、義務者に対し、口頭又は文書をもってその納付を命じなければならない。

1 A B
2 A C
3 A D
4 B C
5 B D

A 正しい（行政代執行法第4条）。
B 誤り。代執行の対象とされる義務は、代替的作為義務（他人が代わってなすことの出来る行為を行う義務）に限られる。不作為義務の不履行は対象とされない（行政代執行法第2条）。
C 正しい（行政代執行法第6条）。
D 誤り。文書をもって納付を命じなければならない（行政代執行法第5条）。

正しい組み合わせはAとC。よって正答は2。

正答 2

【No.33】 国家賠償法に規定する公の営造物の設置又は管理の瑕疵に基づく損害賠償責任に関するA〜Dの記述のうち、最高裁判所の判例に照らして、妥当なものを選んだ組合せはどれか。

A 国道の中央線付近に故障した大型貨物自動車が87時間にわたって放置されたままになっていたにもかかわらず、道路管理者がこれを知らず、道路の安全性を保持するために必要な措置を全く講じていなかったという状況のもとにおいては、道路の管理に瑕疵があるとした。

B 道路管理者が、道路の落石や崩土の危険性に対し、防護柵を設置するとした場合、その費用の額が相当の多額にのぼり、その予算措置に困却することが推察できたとしても、それにより直ちに道路の管理の瑕疵によって生じた損害に対する賠償責任を免れることはできないとした。

C 営造物が他人に危害を及ぼす危険性がある状態にあっても、その危害は利用者以外の第三者に対するそれを含まないので、空港に離着陸する航空機の騒音等によって、周辺住民に受忍すべき限度を超える被害があっても、国の賠償責任はないとした。

D 未改修である河川の管理の瑕疵の有無については、河川管理の特質に由来する財政的、技術的及び社会的諸制約のもとでも、過渡的な安全性ではなく、通常予測される災害に対応する安全性を備えていると認められるかどうかを基準として判断すべきであるとした。

1　A　B
2　A　C
3　A　D
4　B　C
5　B　D

A　正しい（最判昭50.7.25）。
B　正しい（最判昭48.10.18）。
C　誤り。判例は、空港周辺住民の損害賠償請求について認めている（最大判昭56.12.16）。
D　誤り。河川は、自然発生的な公共用物であって、元々、洪水等の災害をもたらす危険性を内包しているため、道路の場合とは異なる見解が示されている。判例では、未改修である河川の管理の瑕疵の有無については、著しく安全性を欠くなど例外的な場合に限られるとした＝「過渡的安全性論」（最判昭59.1.26）。

正しい組み合わせはAとB。よって正答は1。

正答　1

【No.34】 損失補償に関するA～Dの記述のうち、最高裁判所の判例に照らして、妥当なものを選んだ組合せはどれか。
A 国道に隣接する自己の土地の地下にガソリンタンクを設置し、適法に維持管理していたところ、国が地下道を新設したため、当該ガソリンタンクが消防法に違反する施設となった場合、当該ガソリンタンクの移設工事に要する費用は、受忍限度を超える損失として道路法に基づき補償されるべきであるとした。
B 倉吉都市計画の街路用地の収用において、土地収用法における損失の補償は、特定の公益上必要な事業のために土地が収用される場合、その収用によって当該土地の所有者等が被る特別な犠牲の回復をはかることを目的とするものであるから、完全な補償、すなわち、収用の前後を通じて被収用者の財産価値を等しくならしめるような補償をなすべきであるとした。
C 鉱業権設定後に公立中学校が建設されたため鉱業権が侵害されたとして鉱業権者が損失補償を請求した事件では、公共の用に供する施設の地表地下の一定範囲の場所において鉱物を掘採する際の鉱業法による制限は、一般的に当然受忍すべきものとされる制限の範囲を超え、特定人に対し特別の犠牲を課したものであるため、憲法を根拠として損失補償を請求することができるとした。
D 戦後の農地改革を規律する自作農創設特別措置法に基づく農地買収に対する不服申立事件では、憲法にいうところの財産権を公共の用に供する場合の正当な補償とは、その当時の経済状態において成立することを考えられる価格に基づき、合理的に算出された相当な額をいうのであって、必ずしも常にかかる価格と完全に一致することを要するものではないとした。

1 A B
2 A C
3 A D
4 B C
5 B D

A 誤り。道路工事の施行によって警察規制に基づく損失がたまたま現実化したものに過ぎず、このような損失は、道路法第70条第1項の定める補償の対象には属しないとされた（最判昭58.2.18）。
B 正しい（最判昭48.10.18）。
C 誤り。公共の福祉のための一般的最小限度の制限であり、当然受忍すべきとし、損失補償を請求できないとした（最判昭57.2.5）。
D 正しい（最判昭28.12.23）。
正しい組み合わせはBとD。よって正答は5。

正答 5

【No.35】 行政法学上の公物に関する記述として、通説に照らして、妥当なのはどれか。

1　公物には、公園、道路や河川など、直接一般公衆の利用に供される公共用物と、国や地方公共団体の庁舎や宿舎など、国や地方公共団体の公用に供される公用物とがある。
2　公物の成立には、公共用物と公用物のいずれにおいても、国又は地方公共団体による公物としての公用開始行為が必要である。
3　道路予定地や河川予定地といった公用又は公共用に供することと決定したものの、まだ実際に公用又は公共用に供されていない予定公物は、普通財産として扱われる。
4　電波のような無体物であっても、一般公衆の利用に供され、かつ、国が管理しているものであれば公物に含まれる。
5　里道、水路といった法定外公共物は、国有財産法の適用対象とはならないが、道路法や河川法など個別の公物管理法の適用対象となる。

1　正しい。
2　誤り。人工公物たる公共用物が成立するためには、行政主体の公用開始行為が必要であるが、それ以外は不要である。
3　誤り。予定公物も行政財産として扱われる。
4　誤り。電波のような無体物は、公物には含まれない。
5　誤り。法定外公共物とは、道路法及び河川法等の適用や準用を受けない公共物を言う。

正答　1

【No.36】 行政機関の保有する情報の公開に関する法律（情報公開法）に関する記述として、妥当なのはどれか。

1 開示請求時点において、決裁、供覧等の手続が終了していない文書は、行政機関が保有している文書に該当せず、開示請求の対象とはならない。
2 行政機関の長は、開示請求に係る行政文書に第三者に関する情報が記録されているときには、開示決定等をするに当たって、当該情報に係る第三者に対し、いかなる場合であっても、意見書を提出する機会を与えなければならない。
3 開示請求に対し、当該開示請求に係る行政文書が存在しているか否かを答えるだけで、不開示情報を開示することとなるときは、行政機関の長は、当該行政文書の存否を明らかにしないで、当該開示請求を拒否することができる。
4 開示を請求することができるのは、日本国民に限られないが、日本に居住していない者は、開示を請求することができない。
5 行政機関の長は、開示請求に係る行政文書に不開示情報が記録されている場合、公益上特に必要があると認めるときであっても、その裁量をもって、開示請求者に対し、当該行政文書を開示することは一切できない。

1 誤り。開示請求の対象となるものは、行政職員が職務上作成し、または取得した文書・図画・電磁的記録であって、組織的に用いるものとして当該機関が保有しているものであるので、開示請求時点において、決裁、供覧等の手続きを終了していない文書も開示請求の対象となる（情報公開法第2条第2項）。
2 誤り。意見書を提出する機会を与えなければならない場合は、人の生命、健康、生活または財産を保護するため、公にすることが必要であると認められる情報を開示決定する場合などに限られ、いかなる場合も必要なわけではない（情報公開法第13条）。
3 正しい（情報公開法第8条）。
4 誤り。日本に居住していることは要件とされていない（情報公開法第3条）。
5 誤り。公益上、特に必要があると認める時は、開示請求者に対し、当該行政文書を開示することが出来る（情報公開法第7条）。

正答 3

【No.37】 地方債に関する記述として、妥当なのはどれか。

1 特別地方公共団体のうち、特別区、一部事務組合及び広域連合は、地方自治法の規定に基づき地方債を起こすことができる。
2 公共施設の建設事業費に係る地方債の償還年限は、当該地方債を財源として建設した公共施設の耐用年数を超えないようにしなければならないが、当該地方債を借り換える場合においては、当然に耐用年数を超えることができる。
3 地方公共団体は、地方債を起こす場合の総務大臣又は都道府県知事との協議において、同意を得た場合のみ地方債を起こすことができる。
4 普通税の税率のいずれかが標準税率未満である地方公共団体は、総務大臣又は都道府県知事の許可がない場合でも、公共施設の建設事業費の財源とする地方債を起こすことができる。
5 地方債を起こす方法としては、借用証書によって金融機関から借り入れる方法は認められているが、募集又は売出しの方法によって地方債証券を発行することは認められていない。

1 正しい。
2 誤り。借り換える場合であっても、当該地方債を財源として建設した公共施設の耐用年数を超えないようにしなければならない(地方財政法第5条の2)。
3 誤り。同意がない場合であっても、地方公共団体は議会へ報告すれば、地方債を起こすことが出来る(地方財政法第5条の3第)。
4 誤り。総務大臣または知道府県知事の許可がなければ、公共施設の建設事業費の財源とする地方債を起こすことが出来ない(地方財政法第5条の4)。
5 誤り。証券を発行する方法によって地方債を起こす場合においては、募集、売り出しまたは交付の方法によることが出来る(地方財政法第5条の5)。

正答 1

【No.38】 次の文は、平成25年11月26日に特別区長会会長から全市町村長、各市長会長及び各町村会長に宛てた「地方法人課税見直しに関する提起」の一部であるが、文中の空所A～Dに該当する語又語句の組合せとして、妥当なのはどれか。

　法人住民税は、地域の構成員である法人が　　A　　から受ける社会資本整備などの行政サービスに対する　　B　　であり、　　A　　の基幹税です。これが国税化され　　C　　の原資とされることは、財政自主権をないがしろにされるだけでなく、地方財源を充実し自己決定するという自治の理念、　　D　　にも逆行するものであります。

　地方法人関係税は、地域の活発な法人活動を支える財源として活用すべきであり、それがより旺盛な法人活動を呼び起こし、我が国の発展に寄与するものと考えます。決して東京や一部の自治体だけの問題ではありません。

	A	B	C	D
1	都道府県	応能負担	地方交付税	地方分権の流れ
2	都道府県	応益負担	国庫支出金	税源の偏在是正
3	市区町村	応益負担	地方交付税	地方分権の流れ
4	市区町村	応益負担	国庫支出金	税源の偏在是正
5	市区町村	応能負担	地方交付税	税源の偏在是正

　「地方法人課税見直しに関する提起」は、総務省の検討会が消費税増税に伴う税源の偏在の是正を行うとして、地方法人特別税の継続に加え、地方法人住民税を一部国税化し、地方交付税として再配分する制度の創設を提案したことに対して、特別区として反対意見を表明したものである。

　しかし、地方法人住民税の一部国税化や、地方交付税として再配分されることは、平成26年度税制改正大綱に盛り込まれることとなった。

　地方交付税の不交付団体である特別区では、国税化される部分がそのまま歳入減となり、各区においては特別区交付金の減として表れることとなる。

　正しい組み合わせは3。

正答　3

【No.39】 ビルト・イン・スタビライザーに関する記述として、妥当なのはどれか。

1　ビルト・イン・スタビライザーとは、財政支出や税制をそのときの経済状況に応じ、裁量的に変更することにより経済を安定化させることをいう。
2　ビルト・イン・スタビライザーは、意思決定に時間がかかり、安定化のための政策が時間の遅れからタイミングを逸して失敗する危険性がある。
3　ビルト・イン・スタビライザーの機能は、所得税だけでなく、失業保険給付もその機能を有している。
4　ビルト・イン・スタビライザーが機能するためには、累進税率構造を備える必要があり、法人税は比例税であるので、その機能を有しない。
5　ビルト・イン・スタビライザーは、税収の所得弾力性の値が小さいほど、その効果が大きい。

　経済の安定化機能には、フィスカル・ポリシーと、ビルト・イン・スタビライザーがある。フィスカル・ポリシーは、経済を安定化させるために政府が裁量的に実施する政策を言い、ビルト・イン・スタビライザーは、税や社会保障といった財政の仕組みそのものが経済を自動的に安定化させる機能を言う。
1　誤り。フィスカル・ポリシーの説明である。
2　誤り。フィスカル・ポリシーの説明である。
3　正しい。
4　誤り。法人税は比例税であるが、景気変動に大きく反応する税であり、その機能を有する。
5　誤り。税収の所得弾力性の値が大きいほど、その効果が大きい。

正答　3

【No.40】 地方財政計画に関するA～Dの記述のうち、妥当なものを選んだ組合せはどれか。

A　地方財政計画は、地方交付税法に基づいて作成するものであり、その計画が地方財政の運営上果たしている役割には、地方財源の保障、地方団体の財政運営の指針及び地方財政規模の把握がある。

B　地方財政計画は、地方団体が翌年度において現実に収入・支出するであろうという額を集計して見込んだものであるので、地方団体の財政活動の実績である決算額との隔たりは当然ない。

C　地方財政計画は、内閣が毎年度作成し、国会に提出するとともに、一般に公表しなければならない。

D　地方財政計画は、地方団体における財政活動の規模を歳入歳出の両面からとらえ、地方団体の営む財政活動の分野を対象とするものであり、普通会計のほかに国民健康保険事業特別会計の歳入歳出も全て含まれる。

1　A　B
2　A　C
3　A　D
4　B　C
5　B　D

A　正しい。
B　誤り。地方公共団体の歳出には、地方財政計画外の歳入である超過課税や法定外税、基金の取り崩し等を財源とした歳出もあり、隔たりはある。
C　正しい。
D　誤り。普通会計の歳入歳出を計上している。
　正しい組み合わせはAとC。よって正答は2。

正答　2

特別区管理職試験解答集 平成22〜26年度　　定価：本体 2,000 円＋税

平成27年4月30日　初版発行

編集人	㈱都政新報社　出版部
発行人	大橋　勲男
発行所	㈱都政新報社
	〒160-0023　東京都新宿区西新宿7-23-1　TSビル6F
	Tel 03(5330)8788　　Fax 03(5330)8904
	http://www.toseishimpo.co.jp/
印刷・製本	モリモト印刷株式会社

ISBN978-4-88614-227-6 C2030　　　　　　　　　Printed in Japan
©2015 TOSEISHINPOSHA
乱丁・落丁はお取り替え致します。